Renate Feuerlein / Andrea Przybilla

Zahlenspaß für Kleine

HERDER spektrum

Band 5834

Das Buch

Mathematik fängt nicht erst in der Schule an – schon viel früher erwerben Kinder im Alltag grundlegende mathematische Fähigkeiten ... spielerisch und ganz ohne es zu wissen: Das fängt mit den ersten Raumerfahrungen beim Krabbeln an und hört mit der richtigen Reihenfolge der Kleidungsstücke beim Anziehen noch längst nicht auf. Die Autorinnen erklären, welche Erfahrungen für Kinder wichtig sind, um ein gutes mathematisches Grundverständnis zu entwickeln und zeigen, wie Eltern diese Erfahrungen im Alltag unterstützen können: durch einfache Zähl- und Sortierspiele etwa, durch Aktivitäten, die die Sinneswahrnehmung fördern, oder indem das Kind bei bestimmten Haushaltstätigkeiten hilft. Ganz ohne aufwändige Trainingsprogramme lernen Kinder mathematisch denken und tun sich mit dem Rechnen in der Schule dann entsprechend leichter. Mathe lernen von Anfang an – ohne Stress und Drill: das Förderbuch mit vielen Informationen, Spielen und Geschichten, die Eltern helfen, herauszufinden, wo ihre Kinder in Sachen Zahlenverständnis stehen.

Die Autorinnen

Renate Feuerlein war Lehrerin und arbeitet heute als Heilpraktikerin in eigener Praxis mit dem Schwerpunkt Lerntherapie. Sie ist in der Weiterbildung für Eltern, Lehrer und Erzieher tätig.

Andrea Przybilla, Diplom-Sozialpädagogin, unterrichtet Sozialpädagogik in Nürnberg. Darüber hinaus führt sie Seminare für Kindertagesstätten und freie Träger durch, u. a. zum Thema Schulfähigkeit.

Renate Feuerlein / Andrea Przybilla

Zahlenspaß
für Kleine

Mathematische Fähigkeiten
im Vorschulalter fördern

FREIBURG · BASEL · WIEN

Originalausgabe

© Verlag Herder GmbH, Freiburg im Breisgau 2008
Alle Rechte vorbehalten
www.herder.de

Umschlaggestaltung und -konzeption:
R · M · E München / Roland Eschlbeck, Liana Tuchel
Umschlagmotiv: © Hartmut W. Schmidt

Zeichnungen: Renate Feuerlein und Elena Przybilla
Fotos: René Kolb

Satz: Dtp-Satzservice Peter Huber, Freiburg
Herstellung: fgb freiburger graphische betriebe
www.fgb.de

Gedruckt auf umweltfreundlichem,
chlorfrei gebleichtem Papier
Printed in Germany

ISBN 978-3-451-05834-9

Inhalt

Teil II
Kognitive Grundlagen und Fördermöglichkeiten 107

Einleitung
Mathematische Bildung von Anfang an

Bildung ist ein Gut, das in unserer Welt immer wertvoller wird. Dementsprechend wünschen sich Eltern eine möglichst gute Schulbildung für ihre Kinder. Um den Erfolg in der Schule zu sichern, sollten Kinder die Fähigkeit, sich Wissen anzueignen, bereits vor der Einschulung entwickelt haben. Wie lässt sich diese Fähigkeit fördern? Wo sollen die Eltern ihr Kind fordern und wie vermeiden sie eine Überforderung? Kinder wissen erstaunlich viel. Ihre natürliche Neugier, ihr angeborenes Streben nach Wissen, lässt sie Erfahrungen machen, die wir in ihrer spielerischen Art gar nicht als eigentlichen Bildungsweg erkennen. So kommen Kinder bereits sehr früh mit dem Wesen der Mathematik in Kontakt, das wir häufig nur als kompliziertes Zahlensystem sehen. Auf Kinder geht eine starke Faszination von mathematischen Vorgängen aus. Kinder wollen wissen, wie etwas funktioniert, warum es so ist, wie es ist. Sie wollen eine Ordnung in der Welt entdecken, damit sie sich in ihr zurechtfinden. Dies bedeutet Sicherheit und Verlässlichkeit. Im Gehirn Gedankengänge ordnen können, Zusammenhänge erkennen, eine Lösung finden, „logisch" denken, das hat mit mathematischer Bildung zu tun. Auch im Alltag ist logisches Denken gefordert, etwa um die richtige Reihenfolge beim Anziehen einzuhalten, einen Kuchen zu backen, ein Zimmer zu tapezieren. „Mathematik ist nicht sinnlos und weltfremd, sondern eher wie ein Schweizer Taschenmesser: immer und überall für alles Mögliche zu gebrauchen."[1]

> Es ist der Alltag, in dem sich mathematisches Denken entwickelt, noch lange bevor das Rechnen mit Zahlen beginnt.

Wie wir rechnen

Eine spezifische Region, die nur für das Rechnen zuständig ist, konnte im Gehirn bisher nicht lokalisiert werden. Der bekannteste Forscher, der in den letzten Jahren herausgefunden hat, wie Menschen rechnen, ist Stanislaus Dehaene. Er spricht von einem „Zahlensinn".[2] Die Fähigkeit zu rechnen erfolgt nach seinen Untersuchungen in drei verschiedenen Verarbeitungssystemen des Gehirns.

1. Mengen- und Größenerfassung von Zahlen

Eine Zahl sehen wir als Menge (z. B. ▲ ▲ ▲) und können uns diese Menge auch vorstellen. Größere Mengen stellen wir uns als Größe vor: 17 liegt in der Nähe von 20, die Aufgabe 123 + 56 liegt in der Nähe von 200. Dazu stellen wir uns einen Zahlenraum vor (z. B. Zahlenstrahl, Hunderterraum). Wir schätzen, überschlagen, vergleichen. Dabei benutzen wir unsere beiden Gehirnhälften.

2. Sprachliche Verarbeitung der Zahlen

Den Rechenvorgang steuern wir mit unserer Sprache: Wir zählen laut oder innerlich: 1, 2, 3, 4, 5 … Eine Rechenaufgabe lösen wir, indem wir sie sprachlich verarbeiten: Zwei plus drei ist gleich fünf. Auch bei Textaufgaben sprechen wir den Text innerlich mit. Dieser Vorgang wird vor allem vom Sprachgehirn geleistet, das meist im linken Teil der Großhirnrinde lokalisiert ist.

3. Darstellung der Zahlen im Dezimalsystem

Ohne die Anordnung von Mengen im Dezimalsystem durch arabische Ziffern müssten wir die Aufgabe 234 + 587 durch Abzählen lösen. Das wäre ein mühsames Unterfangen. Das Dezimalsystem ist ein Ordnungssystem. Um in diesem System zu arbeiten, brauchen wir unsere beiden Gehirnhälften: Die rechte hat den Überblick und denkt räumlich. Die linke erkennt das Detail, ordnet, gruppiert, sortiert und strukturiert.[3]

> „Die Größe einer Zahl in ihrer Bedeutung zu erfassen und später auf einer inneren Vorstellung des Zahlenraums abzubilden, ist eine entscheidende Voraussetzung dafür, dass ein Kind erfolgreich rechnen lernen kann."[4]

Bevor wir jedoch in „inneren Räumen" des Gehirns mathematisch denken und rechnen können, sind bestimmte Voraussetzungen nötig.

Ziel und Aufbau des Buches

Ziel dieses Buches soll es sein, Eltern zu zeigen, worauf sie bei der Entwicklung ihres Kindes achten sollten und was sie tun können, um die mathematischen Fähigkeiten im Alltag spielerisch zu fördern.

Das Buch ist in zwei Teile gegliedert:

1. Teil:
   Körperliche Grundlagen (Basiskompetenzen)
   von Renate Feuerlein
– Entwicklung von der Geburt bis zum 6. Lebensjahr
– mögliche Störungen
– Fördermöglichkeiten

2. Teil:
   Kognitive Grundlagen (pränumerische Kompetenzen)
   von Andrea Przybilla
– Mathematik im Alltag
– mathematische Vorläuferfähigkeiten
– spielerische Förderung

Teil I

Körperliche Grundlagen und Fördermöglichkeiten

Mathematik vor dem Schuleintritt

Vor kurzem hielt ich in einem Kindergarten einen Kurs für Vorschulkinder. Bei verschiedenen Spielen sollte ich die Kinder beobachten und herausfinden, inwieweit sie fit für die Schule sind. Alle Kinder freuten sich sehr auf den ersten Schultag und viele hatten schon eine Schultüte und eine Büchertasche. Bei der Vorstellungsrunde sollten die Kinder erzählen, was sie schon alles können. Einige erzählten, dass sie gut im Rechnen sind. „Ich kann schon bis 50 zählen!", sagte Raphael stolz. „Ich weiß schon, was hundert plus hundert ist!", meinte Lea. „Und ich, was tausend plus tausend ist", trumpfte Fabian auf. „Soll das ein Kind können, wenn es in die Schule kommt?", werden Sie sich fragen. Zählen und Rechnungen aufsagen zu können ist aber nicht entscheidend, um gut in Mathematik zu werden. Ich spielte mit den Kindern und bat sie, auf einem Bein zu stehen, zu hüpfen und vorwärts und rückwärts zu laufen. Wir machten einen Rundlauf mit einem Gummiseil. „Fasst das Seil mit der rechten Hand an, dann laufen wir nach links!" – „Ich sehe etwas Viereckiges im Zimmer, seht ihr das auch?" – „Stellt euch in einer Reihe auf!" – „Wer ist der Erste, der Letzte, wer steht in der Mitte?" Bei geometrischen Formen wussten die Kinder, was viereckig, dreieckig und rund ist. Beim Einbeinstand verloren manche das Gleichgewicht und einige machten völlig unkontrollierte Bewegungen beim Hopserlauf. Viele konnten vorwärts, aber nicht rückwärts laufen. Wo rechts und links ist, wussten von zwanzig Kindern nur zwei. Auch bei Schulkindern, die wegen Rechenstörungen in meine Praxis kommen, prüfe ich unter anderem folgende Grundlagen: Sehen und hören sie gut? Wie ist die Sprachfähigkeit entwickelt? Wie bewegen die Kinder sich? Haben sie eine gute Raumorientierung und ein stabiles Gleichgewicht?

> Ein gut entwickeltes Wahrnehmungssystem, eine gute Körperkoordination und die Orientierung im Raum sind die Grundlagen der Mathematik.

Die Entwicklung des mathematischen Denkens und des Rechnens bis zum Schuleintritt im Überblick

Schon im Mutterleib entwickeln sich die Grundlagen für Mathematik. In den ersten Monaten bewegt sich das Ungeborene schwerelos wie ein Astronaut im Raum. Es beugt die Knie, stößt sich ab, dreht den Kopf, beginnt zu tasten und lutscht manchmal am Daumen.

Der Gleichgewichtssinn entwickelt sich und der Fötus kann sogar Purzelbäume schlagen. Nach der Geburt macht das Baby durch Fühlen, Tasten und Bewegen Erfahrungen mit seinem Körper und der Umwelt. Sehen, Hören und die Sprache entwickeln sich kontinuierlich weiter. Zuerst macht der Säugling Raumerfahrungen, indem er die Unterlage des Wickeltisches spürt, den Grund der Badewanne oder die Begrenzung des Bettchens. In der Krabbelphase lernt das Baby seinen Körper immer besser kennen. Es lernt, sich geschickt zu bewegen und den Raum zu erkunden. Es krabbelt vorwärts und rückwärts, nach rechts und nach links. Es erfährt, was weit weg und was nahe ist. Wenn es den Kopf hebt, lernt es, was oben ist. Es erkennt Zusammenhänge: Nehme ich die Rassel in die Hand und lasse sie los, fällt sie nach unten. Sieht das Kind einen Ball, versucht es, nach ihm zu greifen. Damit können Augen und Hände zusammenarbeiten. Wenn es verschiedene Gegenstände ergreift, lernt es begreifen, welche verschiedenen Eigenschaften Material hat. Bausteine sind z. B. hart, glatt und bunt. Das Kind ordnet sie in Gruppen an, z. B. nach Farben oder nach ihrer Größe. Es legt sie in eine Reihe und vergleicht sie. Das Erkennen von Mengen gelingt ihm. Am Boden liegen viele Bonbons, am Tisch wenige. Das Kind gibt der Mama ein Brötchen und dem Papa zwei. Es erkennt, dass zwei große Teller genauso viel sind wie zwei kleine. Wenn das Kind Mengen ordnen, zuordnen und vergleichen kann, beginnt das Zählen und Rechnen.[5]

Alle diese Erfahrungen sind wichtige Grundlagen und Vorläuferfähigkeiten für die vier Rechenstufen, die vor allem in der Schule eine wichtige Rolle spielen.

Rechnen in der Schule

Die vier Rechenstufen sollten der Reihenfolge nach möglichst eingehalten werden. Wenn zu früh auf einer höheren Stufe gerechnet wird, ohne dass die erforderlichen Grundlagen entwickelt sind, kommt das Kind beim Rechnen nicht vorwärts.

Die vier Rechenstufen[6]

1. Handlungsstufe (konkretes Handeln)
Umgang mit konkretem Material, z. B. Bauklötzchen
   Das Kind rechnet mit Material, das es auch anfassen kann, also mit Bausteinen, Äpfeln, Löffeln, Perlen, Puppen usw.

> Bausteine werden angefasst.

Hat das Kind einen würfelförmigen Baustein gesehen, mit den Händen angefasst und gespürt, kann es „begreifen". Fasst es immer wieder solche Bausteine an, wird die Form des Bausteines als Information im Gehirn gespeichert.
   Wenn es die Bausteine in Gruppen geordnet und in eine bestimmte Reihenfolge gebracht hat, beginnt es, sie mit den Fingern zu berühren und sie zu zählen. Dazu braucht

es gut funktionierende Augen. Schweifen die Augen ständig ab, weil das Kind den Blick nicht halten kann, muss es immer wieder von vorne mit dem Zählen anfangen. Die Information des Abzählens wird nur ungenau im Gehirn gespeichert.

Auch die Auge-Hand-Koordination, die Zusammenarbeit von Augen und Händen, ist eine wichtige Voraussetzung, um auf dieser Rechenstufe „handelnd" rechnen zu können.

2. Bildstufe (bildliches Darstellen)

Felix ist zwei Jahre alt und schaut ein Bilderbuch an. Er sieht einen Ball, will ihn haben und greift in das Buch, um ihn zu nehmen. Später, auf der Ebene der Bildstufe, braucht er Gegenstände nicht mehr anzufassen und kann durch Ansehen des Bildes den gemalten Ball einem realen Ball zuordnen. Beim Rechnen auf dieser Stufe kann das Zählen und Rechnen „mit den Augen" erfolgen.

Bausteine werden als Bild dargestellt: ▱ ▱

Dazu ist eine gute Koordination der beiden Gehirnhälften notwendig. Die eine Gehirnhälfte erfasst Einzelheiten, die andere erkennt Zusammenhänge.

3. Symbolstufe (Rechnen mit Symbolen bzw. Zahlen)

Hier wird das konkrete Handeln und die Bildstufe durch abstrakte Symbole ersetzt.

Wenn das Kind verstanden hat, was „zwei" bedeutet, können die Bausteine als Symbole in Form von Zahlen eingesetzt werden.

> Die Bausteine werden durch die Zahlen 2 und 3 dargestellt.

Die Rechenoperationszeichen und das Gleichheitszeichen werden ebenfalls als Symbole erkannt und gespeichert.

> $2 + 3 = 5$

Eines Tages kam ein Mädchen aus der ersten Klasse mit Rechenschwierigkeiten in meine Praxis. Als ich ihr die Aufgabe 2 + 3 stellte, wusste sie damit nichts anzufangen. Ich fragte dann das Mädchen: „Welche Tiere magst du denn gerne?" Es antwortete: „Pferde". „Mach doch mal die Augen zu", meinte ich. „Kannst du dir Pferde auf einer Wiese vorstellen?" „Na klar!", nickte das Mädchen. „Nun stell dir vor, da sind zwei Pferde auf der Wiese und drei kommen noch dazu." „Dann sind es fünf", meinte es. Mit Bildern konnte das Mädchen gut umgehen, nur mit den blanken Zahlen nicht. Es stand also auf der Stufe der bildlichen Darstellung und hatte noch nicht die Symbolstufe erreicht. Kinder, die zum Rechnen ihre Finger brauchen, stehen noch auf der Stufe des „Begreifens". Es nützt nichts, wenn das Rechnen mit Zahlen eingepaukt wird, aber das Verständnis dafür fehlt, was die Zahlen überhaupt bedeuten. Kinder, die in der Schule Rechenprobleme haben, zählen oft nur, anstatt zu rechnen. In der ersten Klasse fällt das oft gar nicht auf, weil die Kinder ziemlich schnell „zählen". Spätestens in der zweiten Klasse ist für das Zählen der Zahlenraum zu groß.

Vom Zählen zum Rechnen[7]

Viele Kinder können zwar zählen, aber nicht „denkend" rechnen.

Zählendes Rechnen geht so: Aufgabe: 2 + 3 = 5.

Die Kinder lösen die Aufgabe so: 2, 3, 4, 5.

Wenn das Kind nur zählend rechnet, muss es immer wieder von vorne anfangen.

Beim denkenden Rechnen wird die Aufgabe so gelöst:
2 = ■■ 3 = ▲▲▲, also ■■■▲▲ = 5
Es kann auch anders eingeteilt werden: ▲▲▲■■ oder ■▲▲▲▲

Ohne stabiles Raumlagebewusstsein kann das Kind nur in eine Richtung rechnen und Zahlenmengen nicht umordnen. Im letzten Schritt, der Symbolstufe, müssen die Zahlen in den inneren Räumen des Gehirns angeordnet, vertauscht, verteilt und umgruppiert werden. Erst dann kann in der Vorstellung gerechnet werden.

4. Automatisierung (Rechnen in der Vorstellung)

Das Kind braucht weder Finger zum Zählen noch andere Hilfsmittel, es kann sich die Rechnung „im Kopf" vorstellen und dann lösen. Auf dieser Stufe sollte das Raumlagebewusstsein (z. B. das Bewusstsein für rechts und links) sicher sein, sonst können die Kinder nicht „umdenken". In diesem Fall rechnen die Kinder Plusaufgaben häufig gut, während Minusaufgaben ihnen Probleme bereiten.

Bei der Arbeit mit reinen Zahlen müssen Bedeutungsinhalte ständig in Symbole umgesetzt werden und umgekehrt.

dazugeben   **5 + 2**   *wegnehmen*   **5 – 2**

Die Entwicklungs- und Rechenstufen vom Konkreten
zum Abstrakten müssen eingehalten werden,
damit sich mathematisches Denken und die Rechenfähigkeiten optimal entwickeln können.

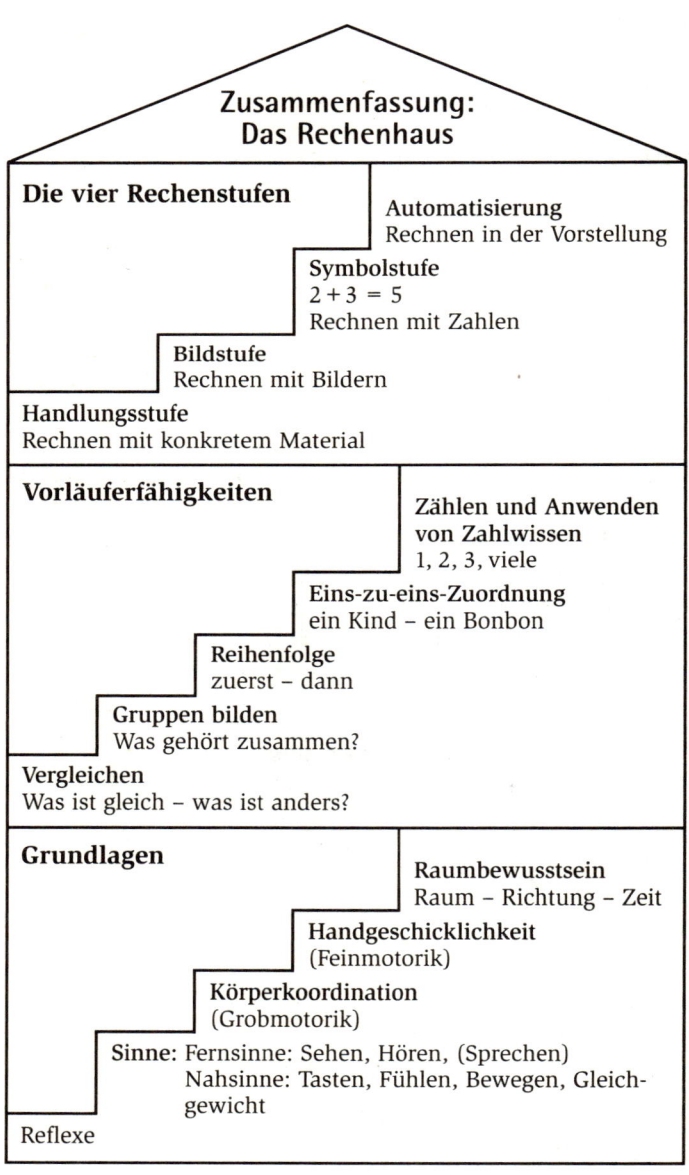

Zusammenfassung:
Das Rechenhaus

Die vier Rechenstufen

Automatisierung
Rechnen in der Vorstellung

Symbolstufe
2 + 3 = 5
Rechnen mit Zahlen

Bildstufe
Rechnen mit Bildern

Handlungsstufe
Rechnen mit konkretem Material

Vorläuferfähigkeiten

Zählen und Anwenden
von Zahlwissen
1, 2, 3, viele

Eins-zu-eins-Zuordnung
ein Kind – ein Bonbon

Reihenfolge
zuerst – dann

Gruppen bilden
Was gehört zusammen?

Vergleichen
Was ist gleich – was ist anders?

Grundlagen

Raumbewusstsein
Raum – Richtung – Zeit

Handgeschicklichkeit
(Feinmotorik)

Körperkoordination
(Grobmotorik)

Sinne: Fernsinne: Sehen, Hören, (Sprechen)
Nahsinne: Tasten, Fühlen, Bewegen, Gleichgewicht

Reflexe

Die Grundlagen für mathematisches Denken schaffen

Simon, ein Erstklässler, war mit seinen Eltern in meiner Praxis.

Ich fragte ihn: „Was gefällt dir denn gut in der Schule?" „Die Pause", antwortete Simon. „Ihm fällt alles so schwer, weil er sich einfach nicht konzentrieren kann!", meinte die Mutter. „Am schwierigsten aber ist das Rechnen, da kapiert er gar nichts", fügte sie hinzu.

Bei meiner Beratungstätigkeit versuche ich herauszufinden, wieso sich ein Kind nicht konzentrieren kann, warum ihm das Rechnen so schwerfällt. Bei anderen Kindern ist das Lesen schwierig oder das Schreiben. Eltern wollen ihren Kindern gerne helfen und üben und üben mit ihnen, ohne dass etwas vorwärtszugehen scheint.

Wenn Sie Ihrem Kind das Zählen beibringen wollen, dann wird dies erst gut gelingen, wenn bestimmte Gehirnfunktionen aktiviert sind. Deswegen prüfe ich zuerst, ob die Grundlagen da sind, die für das Zählen wichtig sind.

Die Entwicklung eines Kindes lässt sich mit einem Baum vergleichen: Zuerst müssen die Wurzeln ausgebildet sein, damit er wachsen und sich entwickeln kann. Die Blätter und die Äste kann man hegen und pflegen. Doch ohne gute Wurzeln wird sich der Baum nicht optimal entwickeln, auch wenn man sich noch so sehr bemüht.

Deswegen ist bei Kindern die Entwicklung der Grundlagen ein Meilenstein für das Lernen, sowohl für Mathematik als auch für andere „Kulturtechniken" wie Lesen und Schreiben. Ich werde im Folgenden die wichtigsten Entwicklungsschritte von der Geburt bis zum Schuleintritt darstellen. Besonderen Wert lege ich auf die Grundlagen für mathematische Fähigkeiten. Abweichungen in der Reihenfolge sind normal ebenso wie zeitliche Verschiebungen. Hauptsache ist, dass die Entwicklungsstufen durchlaufen werden und nichts ausgelassen wird.

Wenn der Kinderarzt Entwicklungsverzögerungen feststellt, dann braucht Ihr Kind spezielle Fördermaßnahmen wie Krankengymnastik, Ergotherapie, Logopädie u. a. Ein gesundes Kind holt sich die Anregungen, die es braucht, ganz allein – allerdings nur, wenn ihm das geboten wird, was seinem individuellen Entwicklungsstand entspricht.

Zur Förderung bei bestimmten Defiziten in der Entwicklung haben sich kinesiologische Übungen (Kinesiologie = Lehre von der Bewegung) als sehr hilfreich erwiesen. Dies gilt vor allem für Übungen aus der pädagogischen Kinesiologie, die unter dem Namen „Edu-Kinesthetik" (Erziehung durch Bewegung, Edu-K®) bekannt ist. Solche Übungen sind ein hervorragendes Gehirntraining. Mit ihrer Hilfe können viele Entwicklungsschritte nachgeholt werden. Eltern und Kinder können sie zu Hause jederzeit durchführen.

Die nächsten Kapitel befassen sich mit der Entwicklung der Grundlagen, möglichen Störungen und Fördermöglichkeiten.

Reflexe

Vor einiger Zeit war Jan, ein Vorschulkind, mit Problemen beim Malen und Schreiben (Feinmotorik) in meiner Praxis. Als er sich an den Tisch setzte, war das Erste, dass er seinen Kopf mit der Hand aufstützte und mehr oder weniger auf der Tischplatte „lag".

Seine Mutter ermahnte ihn: „Nun sitz doch gerade! Lümmel dich doch nicht so hin!"

In einem solchen Fall überprüfe ich, ob bestimmte Reflexmuster noch vorhanden sind, die das Kind daran hindern, aufrecht zu sitzen. Ein Kind muss seine Reaktionen kontrollieren und willentlich lenken können. Wenn es von frühkindlichen Reaktionsmustern beherrscht wird, ist es nur zu unreifen Reaktionen fähig. Das Gehirn kann sich nur ungenügend oder gar nicht weiterentwickeln, wenn frühkindliche Reflexe noch bestehen. Werden bestimmte Reflexe nicht gehemmt, kann es zu einer Unterentwicklung im zentralen Nervensystem kommen. Spätere Fähigkeiten können an eine frühkindliche Entwicklungsstufe gebunden bleiben.[8] Wenn frühkindliche Reflexmuster fortbestehen, kann die Ursache dafür vor, während oder nach der Geburt bestehen, zum Beispiel in einer Erkrankung der Mutter während der Schwangerschaft, bei Frühgeburten, Krankheiten des Kindes u. a.[9]

Mit Hilfe eines Übungsprogrammes kann die Reflexhemmung nachgeholt werden. Es besteht aus spezifischen Bewegungen, die täglich einige Minuten über mehrere Monate hinweg durchgeführt werden. Spezielle Untersuchungen und Therapien (z. B. Bobath, Vojta) werden von Ärzten und Therapeuten (Krankengymnasten, Physiotherapeuten) durchgeführt.

Angeborene Reflexe

Angeborene Reflexe sind Erregungsmuster im Nervensystem und für das Baby in den ersten Lebenswochen lebensnotwendig. Sie sind ein Training für spätere willensgesteuerte Fertigkeiten. Sobald sie ihre Aufgabe erfüllt haben, sollten sie durch höhere Gehirnzentren gehemmt werden. „Hemmung ist die Unterdrückung einer Funktion durch die Entwicklung einer anderen Funktion. Die erste Funktion wird in die zweite integriert."[10]

Beispiele:

Der Schluckreflex, der beim Trinken ausgelöst wird
Der Saugreflex, der beim Berühren der Lippen ausgelöst wird

> Bilden sich der Schluck- und Saugreflex nicht zurück, kann es zu Sprechproblemen kommen.

Der Suchreflex, der bei Berührung ausgelöst wird: Berührt man den Säugling, z. B. an der linken Wange, wendet sich der Kopf zum Reiz hin und der Mund öffnet sich.

Schutzreflexe, etwa bei der Atmung: In Bauchlage wird der Kopf zur Seite gedreht.

Frühkindliche Reflexe

Die frühkindlichen Reflexe sind bereits im Mutterleib und bei der Geburt vorhanden und sollten mit sechs Monaten (spätestens mit 12 Monaten) gehemmt sein. Dann erst können sich höher entwickelte Funktionen ausbilden. Im Folgenden soll die Bedeutung von einigen frühkindlichen Reflexen dargestellt werden, die besonders für die Entwicklung mathematischer Fähigkeiten wichtig sind.

Der Handgreifreflex (Palmarreflex) [11]

Der Handgreifreflex entsteht in der elften Schwangerschaftswoche und ist bei der Geburt vollständig vorhanden.

Während der ersten zwölf Lebenswochen führt ein leichter Druck auf die Handinnenfläche zum Schließen der Finger. Wird das Baby an den Fingern hochgezogen, schließen sich die Finger zum Klammergriff. Mit vier bis sechs Monaten sollte das Kind einen Gegenstand zwischen Daumen und Zeigefinger halten können (Pinzettengriff).

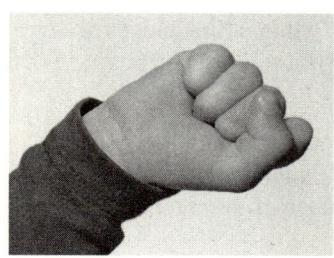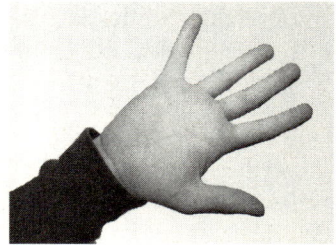

Einige Wochen später lernt das Kind, einen Gegenstand loszulassen.

Symptome, die auf einen beibehaltenen Handgreifreflex hindeuten: [12]

- geringe Geschicklichkeit, schlechte Stifthaltung,
- Handfläche überempfindlich, Hand verkrampft,
- Hand kann Gegenstand nicht loslassen; beim Schreiben und Malen wird der Mund mitbewegt,
- Sprachschwierigkeiten können entstehen; Hand und Mund können nicht unabhängig voneinander bewegt werden.

Bedeutung für die Mathematik:

> Das Ergreifen ist entscheidend für das Begreifen!

Bevor das Kind begreifen kann, dass ein Bauklötzchen groß und würfelförmig ist, muss es das mit den Händen erfahren haben. Dann erst kann die Form im Gehirn gespeichert werden.

Michael, ein Drittklässler, zeigte mir sein Heft. „Wie möchtest du denn schreiben können?", fragte ich ihn. „Ich will schön und richtig schreiben", meinte er. Ich sagte: „Öffne doch bitte deine Hand und mache sie wieder zu!" Als er die Hand öffnete und ich ihm mit einer Feder ganz leicht darüberstrich, krümmten sich seine Finger sofort nach innen. Das bedeutete, dass der Handgreifreflex noch nicht ganz gehemmt war. Michaels Aufgabe für zu Hause bestand darin, die Hand zur Faust zu machen und wieder zu öffnen. Das sollte er immer vor dem Schreiben wiederholen. Seine Mutter sollte weiterhin seine Handflächen mit verschiedenen Materialien berühren. Diese Übungen sollten so lange gemacht werden, bis sich die Finger bei der Berührung der Handfläche nicht mehr krümmten.

Fördermöglichkeiten zur Hemmung des Handgreifreflexes:
– Die Handflächen werden mit Feder, Knete, Wasser usw. stimuliert.
– Das Öffnen und Schließen der Hände wird bewusst trainiert.

Der Asymmetrisch-tonische Nackenreflex (ATNR) (Fechterstellung)

Tonisch bedeutet „die Muskelspannung betreffend". Der ATNR wird durch die Drehung des Kopfes ausgelöst, was von speziellen Rezeptoren (lateinisch recipere = aufnehmen) im Nacken erkannt wird. Daraufhin strecken sich Arm und Bein der Gesichtsseite, während sich Arm und Bein der anderen Seite beugen.

Der Reflex ist in der Regel bis zum zweiten Lebensmonat vorhanden, manchmal auch bis zum vierten Monat.[13]

Test des ATNR bei größeren Kindern

Bei Kindern, die schon laufen können, aber auch noch bei Schulkindern, kann der ATNR folgendermaßen getestet werden:

Im Vierfüßlerstand wird der Kopf nach rechts und links zur Seite gedreht. Die Augen sind geschlossen. Die Arme sollten beim Drehen des Körpers nicht einknicken.

Symptome, wenn der ATNR bestehen bleibt:
– Hände und Augen arbeiten nicht zusammen (Auge-Hand-Koordination).

- Eine Aufrichtung gegen die Schwerkraft ist nicht möglich. Drehen und Stützen werden verhindert.
- Das Gleichgewicht wird beeinträchtigt durch Bewegungen des Kopfes nach rechts und links.
- Überkreuzbewegungen fallen schwer, was zu Richtungsproblemen führen kann (vor allem rechts – links).
- Die Augen haben Probleme, in der Zeile zu bleiben, symmetrische Figuren zu erkennen und zu speichern.
- Die Handschrift ist schlecht.[14]

Jonas ist fünf Jahre alt und geht in den Kindergarten. Er sitzt am Tisch und will ein Bild malen. Immer wenn er den Kopf zur rechten Seite beugt, will sich der rechte Arm mit strecken. Jonas braucht viel Kraft, um seinen Körper in „Normallage" zu bringen. Zum Ausgleich schiebt er das Blatt nach hinten an den Rand des Tisches.

Bedeutung für die Mathematik:

> Das Sehen, die Zusammenarbeit von Augen und Händen, das Gleichgewicht und die Orientierung im Raum sind wichtige Grundlagen für die Ausbildung mathematischer Fähigkeiten.

Fördermöglichkeiten für Hemmung des ATNR:
- Das Kind legt sich auf den Rücken. Der Kopf des Kindes wird gehalten und nach rechts und links bewegt. Dabei streckt das Kind Arme und Beine in alle Richtungen (auch im Sitzen und Stehen möglich).
- Es werden Bewegungen im Kreuzmuster mit Armen und Beinen gemacht, während sich der Kopf in Mittellage befindet (s. Kapitel Körperkoordination).

Der Tonische Labyrinth-Reflex (TLR)

Der Reflex wird durch eine Bewegung des Kopfes nach vorne oder nach hinten ausgelöst, wobei sich der Kopf jeweils über (TLR vorwärts) oder unter (TLR rückwärts) der Rückgratsebene befindet. Wird das Baby beispielsweise in Rückenlage gehalten und der Kopf streckt sich unterhalb der Rückgratsebene, streckt das Baby Arme und Beine aus (TLR rückwärts).

Der TLR entsteht bei der Geburt und wird schrittweise gehemmt. Der vorwärtsgerichtete TLR entspricht etwa der Lage des Fötus im Mutterleib und ist ca. vier Monate nach der Geburt gehemmt. Der rückwärtsgerichtete TLR hat einen Einfluss auf die Muskelspannung des ganzen Körpers. Er hilft dem Neugeborenen, sich aus der gebeugten Haltung im Mutterleib gerade zu strecken. Die Hemmung dieses Reflexes vollzieht sich schrittweise und kann bis zum dritten Lebensjahr dauern.

Durch den Reflex werden Gleichgewicht, Muskelspannung und Bewegungssinn trainiert.

Ist dieser Reflex später noch aktiv, hat das Kind Schwierigkeiten im Umgang mit der Schwerkraft. Es hat keinen festen räumlichen Bezugspunkt und kann Raum, Entfernung, Tiefe und Geschwindigkeit nicht einschätzen.[15]

TLR vorwärts

TLR rückwärts

Test des TLR bei einem größeren Kind

Bei einem Vorschul- oder Schulkind kann man den Reflex folgendermaßen testen:

Das Kind stellt sich gerade hin, die Arme hängen locker nach unten. Dann bewegt man den Kopf nach vorne und nach hinten und beobachtet, ob irgendwelche Ausgleichsbewegungen gemacht werden. Ist alles in Ordnung, bewegt sich das Kind nicht bei der Kopfbewegung nach vorne und hinten.

Symptome, die auf einen nicht gehemmten TLR (vorwärts) hinweisen:

- schlechte Haltung, krummer Rücken,
- schwache Muskeln,
- Gleichgewichtssinn ist nicht entwickelt, was zu Reiseübelkeit führen kann,
- sportliche Aktivitäten werden vermieden, da Balance und Koordination fehlen,
- Augenprobleme, weil der Kopf nicht optimal kontrolliert werden kann,
- räumliche Wahrnehmungsprobleme (oben – unten, vorne – hinten, rechts – links),
- Abfolgen können nicht erkannt und eingehalten werden (Reihenfolge),
- eingeschränkte Organisationsfähigkeit, unterentwickeltes Zeitgefühl (Uhrzeit),
- Kriechen und Krabbeln werden verhindert.[16]

Symptome, die auf einen fortbestehenden TLR (rückwärts) hinweisen:

Probleme wie beim TLR vorwärts, hinzu kommen:

- Neigung, auf Zehenspitzen zu gehen,
- schlechte Koordination,
- ruckartige Bewegungen (Streckmuskeln haben größeren Einfluss als die Beugemuskeln).

Bedeutung für die Mathematik:

> Der Richtungssinn sagt uns, wo wir uns im Raum
> befinden. Ist er nicht stabil, können oben und unten,
> rechts und links, vorne und hinten nicht sicher unter-
> schieden werden. Auch Buchstaben und Zahlen können
> verdreht werden. Bedeutsam ist er auch für das Zählen
> (Reihenfolge) und die Uhrzeit (Zeitgefühl).

Fördermöglichkeiten zur Hemmung des TLR:
- Der TLR kann über die Reflexbewegung gehemmt werden. Dabei wird der Kopf immer wieder nach vorne und
  hinten gebeugt. Besonders die Lateralitätsbahnung nach
  Dennison ist dafür geeignet, diese Reflextätigkeit zu hem-
  men. Die Entwicklungsphase des Krabbelns wird nachgeholt.
- Bestimmte Bewegungsübungen stimulieren das Gleichgewicht, z. B. Kreisen, Rollen und Schaukeln.

Der Symmetrisch-tonische Nackenreflex (STN)

Der STN entsteht sechs bis neun Monate nach der Geburt
und sollte nur kurz vorhanden sein (etwa bis zum 11. Monat). Er ist wichtig, damit sich das Baby aufrichten und
fortbewegen kann. Wird er nicht gehemmt, kommt das Kind
nicht zum Krabbeln und ein wichtiger Schritt in der Entwicklung fehlt. Man könnte diesen Reflex auch als Über-
gangsreflex bezeichnen. Das Kind braucht ihn, damit sich
die Halte- und Stellreaktionen, die das ganze Leben über
bestehen bleiben, ausbilden können.[17]

Beugung   *Streckung*

Test des STN beim größeren Kind

Das Kind steht im Vierfüßlerstand und senkt den Kopf.

Beim Heben des Kopfes sollte sich der Po nicht senken.

Beim Beugen des Kopfes sollten die Arme nicht einknicken.

Symptome bei fortbestehendem STN:
– schlechte Haltung,
– beim Sitzen am Tisch hat das Kind die Tendenz, zusammenzusacken,
– schlechte Auge-Hand-Koordination,
– Tollpatschigkeit,
– Probleme, schwimmen zu lernen.[18]

Bedeutung für die Mathematik:

> Wenn das Krabbeln verhindert wird, ist die Körperbeherrschung unkoordiniert, die beiden Gehirnhälften arbeiten nicht optimal zusammen.

Fördermöglichkeiten zur Hemmung des STN:
– Es sollten alle Arten von Überkreuzbewegungen gemacht werden: Klatschübungen über Kreuz, Überkreuzbewegungen im Liegen (passiv) und im Stehen (aktiv), s. Kapitel Körperkoordination.

Halte- und Stellreaktionen

Sind die frühkindlichen Reflexmuster abgebaut, werden die Halte- und Stellreaktionen, die das ganze Leben bestehen bleiben, wirksam. „Gewollte" Bewegungen werden jetzt nicht mehr gestört. Das Kind wird befähigt, Lage und Bewegungen des Kopfes, des Rumpfes und der Extremitäten auf die Schwerkraft einzustellen. Das ist nötig, damit es eine aufrechte Körperhaltung entwickelt und sich aufrecht fortbewegen kann.[19]

Das Kind kann sitzen, ohne sich abzustützen oder umzufallen. Der Kopf kann im Verhältnis zum Körper und zum Raum seitlich, vorwärts und rückwärts bewegt werden. Das Kind kann vom Rücken auf den Bauch rollen und zurück. Es greift nach Gegenständen, betrachtet, dreht und wendet sie nach allen Seiten.

Besonders herausstellen möchte ich die Kopfstellreaktionen, die für die Entwicklung der visuellen Wahrnehmung (Augen) wichtig sind. In der Hals- und Nackenregion befinden sich viele Muskeln, die für die aufrechte Haltung des Kopfes zuständig sind. Bei Einschränkungen der Kopfkontrolle bildet sich das räumliche Bewusstsein nicht aus. Dann sind Raum- und Richtungswahrnehmung gestört. Gleichgewichtsübungen mit offenen und geschlossenen Augen, Dreh- und Rollübungen mit psychomotorischen Trainingsgeräten (z. B. Rollbrett) sind wirksame Möglichkeiten, um die Kopfstellreaktionen zu stabilisieren.

Lassen Sie die Reflextätigkeit vom Fachmann überprüfen! Bleiben frühkindliche Reflexmuster bestehen, kann sich das Gehirn nicht optimal weiterentwickeln.

Die Sinne

Schon der französische Pädagoge Seguin meinte im Jahre 1846: „Man kann einem Kind nicht Lesen, Schreiben und Rechnen beibringen, bevor nicht sein Sinnesapparat funktioniert." Er meinte damit wohl, dass sich die Sinneswahrnehmung bis zu einem bestimmten Grade entwickelt haben muss, damit hochentwickelte Funktionen, wie z. B. das Rechnen, gelernt werden können.[20]

Es reicht nicht, wenn ein Sinnesreiz von einem funktionstüchtigen Sinnesapparat aufgenommen wird, z. B. vom Auge, vom Ohr oder über die Haut. Der Reiz muss vom Gehirn erfasst, verarbeitet und weitergeleitet werden. Dann muss er noch umgesetzt werden, z. B. in Form von Sprache oder Bewegung. Das erfordert ein gut entwickeltes Zentralnervensystem.[21]

Ziel ist die Zusammenarbeit der Sinne.

Im Laufe der Entwicklung sollten die Sinne immer besser aufeinander abgestimmt sein.

Beim Ballspielen arbeiten viele Sinne zusammen.
– Sehen: Der Blick muss gehalten werden (fixieren). Der Blick folgt dem Ball (Auge-Hand-Koordination), wenn der Ball geworfen oder gefangen wird.
– Hören: Das Geräusch des Balles, der am Boden aufspringt, verrät dem Kind, wann es den Ball mit den Händen auffangen kann.
– Berührungssinn: Die Berührung des Balles an den Handinnenflächen stimuliert die Finger, den Ball aufzufangen.
– Bewegungs-, Stellungs- und Muskelsinn: Beim Werfen muss die Kraft des Wurfes eingeschätzt werden. Die Körperstellung muss zum Fangen oder Werfen ausgerichtet werden. Richtungssinn: Die Richtung, in die der Ball fliegt, muss wahrgenommen werden.
– Gleichgewicht: Beim Fangen und Werfen sind Steh-, Lauf- und Springvermögen gefordert; außerdem Schnelligkeit und Reaktionsvermögen.
– Zeitbegriff: Das Kind muss einschätzen können, wie lange es dauert, bis es den Ball mit den Händen fangen kann.

Die Nahsinne

Die Haut als Sinnesorgan

Die Haut ist unser größtes Sinnesorgan. Sie reagiert sehr vielfältig. Sie umhüllt und schützt den Menschen, spiegelt Empfindungen wider, errötet, erblasst und schwitzt. Darüber hinaus reguliert sie das System bei Überhitzung und Unterkühlung, warnt durch Schmerz und schützt vor Krankheitserregern. In mehreren Schichten befinden sich Sensoren.

Stellen Sie sich vor, Sie sitzen am Frühstückstisch, lesen die Morgenzeitung und greifen nach einer Tasse Kaffee. Wahrscheinlich fühlen Sie sich entspannt, aber die Körpersensoren betreiben gerade Hochleistungssport. Mit 300 km/h sausen Informationen von den Händen über das Rückenmark ins Gehirn. Ganz oben auf der Haut sitzen die Wärme- und Kältesensoren. Sie melden: Die Tasse ist warm. Weitere Sensoren (Pacinikörperchen) melden: Die Tasse ist glatt. Den Druck, mit dem die Hand die Tasse festhält, melden die Merkelzellen und Meissnerkörperchen. Das Gewebe wird gedehnt, weil sich der Arm abwinkelt und die Tasse zum Mund geführt wird. Das melden die sogenannten Propriozeptoren in den Muskeln und Sehnen. Wenn der Kaffee zu heiß ist, melden die Sensoren auf der Zunge (Nozizeptoren) „Schmerz". 70 Millionen feine Sensoren erstatten dem Gehirn ständig Bericht, auch während des Schlafs. An den Händen und im Gesicht ist die Haut am sensibelsten. 250 Zellen pro Quadratzentimeter geben Rückmeldung über die Außenwelt. Menschen treten zueinander indirekt in Kontakt durch Blicke, stimmliche Signale, Mimik, Gestik, Körperhaltung. Direkter Kontakt erfolgt durch Anfassen, Streicheln, Berühren, Schlagen. Oft sind wir uns der Bedeutung von Berührungen nicht bewusst.

Tast- und Berührungssinn (taktile Wahrnehmung)

Die Tast- und Berührungswahrnehmung ist ein schützendes und allgemein beurteilendes System. Zu ihm gehören auch der Schmerz- und der Temperatursinn. Die Reaktionen sind: Zurückziehen, Vermeidung, Abwehr, Flucht oder Angriff.

Der Tastsinn ist der erste Sinn des Lebens und entwickelt sich etwa in der 5./6. Schwangerschaftswoche, noch bevor Augen und Ohren ausgebildet sind. Die erste Körperregion, die sich tastempfindlich zeigt, sind die Lippen, dann folgen Hände und Fußsohlen. Bis zur 13./14. vorgeburtlichen Woche breitet sich der Tast- und Berührungssinn auf den ganzen Körper aus. Für das Ungeborene ist dieses Sinnessystem das wichtigste.

Entwicklung des Tast- und Berührungssinns

1. Woche: Reflexe: Suchreflex; Saugreflex; Schluckreflex
  Mutter berührt das Kind; Kind berührt die Mutter.
ca. 2. Woche: Der Säugling nuckelt an den Fingern.
ca. 2–3 Monate: nuckelt am Daumen; wird durch Berührung beruhigt
ca. 3–3$^1/_2$ Monate: sieht die Finger an; spielt mit ihnen; nuckelt an ihnen
ca. 3$^1/_2$–4 Monate: spielt in Mittelstellung mit den eigenen Händen
ca. 4–5 Monate: Das Kind steckt alles in den Mund.
ca. 5–6 Monate: Hände berühren Füße und Körper
ca. 6–7 Monate: fühlt mit den Fingerspitzen
ca. 9–10 Monate: untersucht alles
ca. 11–12 Monate: erwidert Kuss und Umarmung
ca. 12–15 Monate: Dinge werden nicht mehr so oft in den Mund gesteckt.
ca. 18–24 Monate: fasst sich an die Stelle, die weh tut
ca. 2–3 Jahre: unterscheidet bewusst kalt und warm

ca. 3–4 Jahre: erkennt Gegenstände durch Ertasten, ohne hinzusehen

ca. 4–5 Jahre: benennt Körperstelle, die schmerzt

ca. 5–6 Jahre: kann die Badewassertemperatur selbst regulieren

Kinder mit ungenügender Berührungswahrnehmung spüren vor allem leichte Reize nicht. Auch den Ort können sie nur ungenau erkennen. Kräftige Berührungen dagegen spüren die Kinder besser. (Dabei werden andere Nerven in der Haut gereizt als bei leichten Berührungen.) Im Kindergarten gehen sie mit anderen Kindern oft sehr unsanft um nach dem Motto: Ich muss kräftig zupacken, damit der andere etwas spürt!

Bedeutung für die Mathematik:

Um den eigenen Körper zu spüren und mit ihm zurechtzukommen, ist das Wahrnehmen von Berührungen eine wichtige Eigenschaft. Die Erfahrungen mit dem eigenen Körper sind eine Voraussetzung dafür, „außerhalb" des eigenen Selbst Materialerfahrungen zu machen und mit anderen Menschen in Kontakt zu treten.
Das Berühren, Fühlen und Ergreifen von Gegenständen ist eine Voraussetzung für das „Begreifen".

■ *Störungen und Fördermöglichkeiten bei der taktilen Wahrnehmung*

Taktile Abwehr

Berührungen können angenehme, aber auch unangenehme Empfindungen auslösen. Es gibt Kinder, die gar nicht gerne berührt werden wollen. Manche Babys wollen z. B. nicht schmusen und schreien schon, wenn man sie auf den Arm nehmen will. Manche Kinder wollen sich nicht waschen oder kämmen lassen. Bestimmte Stoffe sind ihnen unangenehm und manche Kinder entwickeln sogar Allergien. Viele Kinder mögen bestimmte Dinge nicht anfassen, z. B. Knete, Matsch, Sand. Auch einen Stift in der Hand zu halten, kann später schwierig sein. Vielleicht könnte man das Gefühl so beschreiben: Es ist, als wenn ein Kind einen Boxhandschuh anhat und damit einen Stift halten und malen oder schreiben soll. Auch bei körperlichen Untersuchungen oder bei krankengymnastischen Übungen sind die betroffenen Kinder sehr kitzelig und empfinden vor allem leichte Berührungen als sehr unangenehm.

> Diese Berührungsempfindlichkeit wird in der Fachsprache auch als taktile Abwehr bezeichnet.

Um Berührungen ertragen zu können, muss man „Begrenzungen" erfahren haben. Oft sind es Kaiserschnittkinder und Sturzgeburten (die Kinder kommen zu schnell durch den Geburtskanal), die als Säuglinge und Kleinkinder zur Unruhe neigen. Sie sind oft sehr kitzelig und reagieren auf Berührung mit Abwehr. Was Kinder durch eine normale Geburt an Begrenzung erfahren haben, fehlt diesen Kindern.

Bei einer Normalgeburt (der Kopf kommt zuerst) wird die Haut von Kopf bis Fuß aktiviert, indem sie Begrenzungen erfährt. Dr. Carl Ferreri hat diese Ausrichtung von Kopf bis Fuß in seinem Therapieprogramm N.O.T. (Neurale Organisations-Technik) als „neurologische Hautrichtung" bezeichnet.

Test der taktilen Abwehr

Ist die so genannte neurologische Hautrichtung „richtig", das heißt von oben nach unten aktiviert, kann das Gehirn leichte Hautreize schnell zuordnen. Bei Babys kann geprüft werden, ob sie sich gerne anfassen lassen oder ob eine Abwehrhaltung besteht. Dann schreien sie und winden sich, wenn sie berührt werden.

Bei Kleinkindern und größeren Kindern (Vorschul- und Schulkinder) sieht der Test folgendermaßen aus:

Das Kind schließt die Augen. Dann wird es an verschiedenen Körperstellen ganz leicht berührt. Nun soll es möglichst schnell und genau auf die berührte Stelle deuten. Kinder, bei denen die Berührungswahrnehmung in Ordnung ist, können die Stelle schnell und genau zuordnen. Andere müssen ganz lang überlegen und wissen dann doch nicht genau, wo man sie berührt hat.

Fördermöglichkeiten der taktilen Abwehr:

– Korrektur der „neurologischen Hautrichtung"

Besteht eine Abwehr für Berührungen oder kann die Stelle der Berührung nur ungenau zugeordnet werden, sollte die „neurologische Hautrichtung" korrigiert werden.

Ich habe diese Korrektur „Autowaschanlage" genannt. Ein Junge in meiner Praxis meinte: „So prüft die Polizei, ob jemand eine Waffe bei sich hat!" Seitdem nenne ich sie auch „Polizistenübung". Die Korrektur kann im Liegen oder Stehen gemacht werden und ahmt den normalen Geburtsvorgang nach.[22]

Ausführung: Zuerst wird ganz sanft über die Nase, über den Mund, über die Brust bis zum Schambein gestrichen. Dann wird der ganze Körper mit festem Druck von allen Seiten und von oben nach unten mit beiden Händen abgefahren. Bei sehr berührungsempfindlichen Kindern nehme ich die Hände der Kinder und lasse sie die sanften Berührungen (Nase bis Schambein) selbst machen.

Wirkung: Damit erfährt der Körper eine Begrenzung und die „neurologische Hautrichtung" wird von oben nach unten korrigiert. Berührungen werden vom Gehirn besser erkannt und zugeordnet.

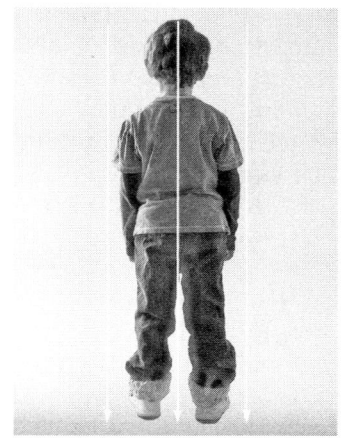

Diese Korrektur können Eltern schon am Wickeltisch wiederholt durchführen. Die meisten Kinder lieben das „feste" Abstreifen von oben nach unten und verlangen es immer wieder. Sie bekommen ein gutes Gespür für ihren eigenen Körper.

Dabei wird gleichzeitig die Eigenwahrnehmung aktiviert, die im nächsten Kapitel genauer beschrieben wird. Auch bei größeren Kindern ist die Korrektur „Autowaschanlage" bzw. „Polizistenübung" angebracht.

Ein vierjähriges Mädchen (Frühgeburt, Kaiserschnitt) sollte Krankengymnastik machen. Es ließ sich aber nicht anfassen und schrie nach einigen Sekunden wie am Spieß. Auch sonst war keine Therapie möglich, weil eine massive Abwehrhaltung bei Berührungen vorlag. Ich riet der Mutter, die „Autowaschanlage" bzw. die „Polizistenübung" zu machen, denn nur durch sie ließ das Kind Berührungen zu. Nach etwa zwei Wochen rief mich die Mutter an und meinte: „Die Korrektur hat gewirkt, mein Kind geht jetzt gerne zur Krankengymnastik."

Nach einem Vortrag rief mich die Mutter eines 12-jährigen Jungen an, der durch Kaiserschnitt zur Welt gekommen war. Er empfand es als unangenehm, wenn man sich neben ihn setzte und ihn versehentlich berührte.

Nachdem die Mutter die „Autowaschanlage" ein erstes Mal durchgeführt hatte, verlangte der Junge jeden Tag danach. Berührungen konnte er seitdem zulassen.

Eine andere Mutter sprach mich nach einem Vortrag an: „Meine Kinder sind beide Kaiserschnittkinder, aber sie lassen sich gerne anfassen." Ich fragte sie: „Haben Sie mit Ihren Kindern Babymassagen gemacht?" Sie bejahte.

Durch ganz bestimmte Massagetechniken, z. B. nach Leboyer, Bruno Walter u. a., kann die Berührungswahrnehmung aktiviert und ausgeglichen werden.

Weitere Fördermöglichkeiten zur Tast- und Berührungswahrnehmung:

Berührungen annehmen lernen
Nach der Korrektur wird ganz langsam die „Berührung" geübt:
- Die Hände der Kinder nehmen und sie damit selbst berühren. Wichtig sind vor allem die Lippen als sensibelste Stelle.
- Die Hände der Kinder nehmen und vorsichtig auf verschiedene Stellen am Körper von anderen legen.
- Andere berühren das Kind.
- Das Kind berührt fremde Materialien.

Berührungen mit Material:
- Dem Kind werden Gegenstände gezeigt, z. B. Pinsel, Zahnbürste, Zahnstocher, Handtuch u. a.
- Das Kind wird mit den verschiedenen Gegenständen am Gesicht, am Handrücken, auf der Handfläche oder an anderen Körperstellen berührt: „Rate, was das war!"

Gegenstände im Tastsack ertasten:
– In einem Säckchen werden Gegenstände versteckt, z. B. Löffel, Ball, Puppe usw. Das Kind soll in das Säckchen fassen und erraten, was es ertastet hat.

Formen erspüren:
– Das Kind soll Berührungen wiedererkennen, die mit verschiedenen Gegenständen auf die Haut gezeichnet werden. Auf die Handfläche, auf den Rücken oder andere Stellen des Körpers werden Kreise, Striche, Punkte usw. „gemalt".

Spiele:
– Blindekuh-Spiel
– Taststraßen mit verschiedenen Materialien (Sand, Erde, Kieselsteine u. a.) für die Füße und Hände (mit offenen und geschlossenen Augen)
– Tunnelspiele (durch Kartons oder Röhren kriechen)
– Höhlen mit Polstern, Kissen oder Naturmaterialien bauen
– aus Kissen „Nester" bauen
– Wasser- und Sandspiele
– Fingerspiele, z. B.:

> Zehn kleine Krabbelfinger krabbeln so herum,
> zehn kleine Krabbelfinger schau'n sich dabei um.
> Zehn kleine Krabbelfinger krabbeln rauf und runter,
> zehn kleine Krabbelfinger fühlen sich sehr munter.
> Zehn kleine Krabbelfinger kitzeln jeden Fuß,
> zehn kleine Krabbelfinger wundern sich,
> dass ich lachen muss.
> Zehn kleine Krabbelfinger nähern sich der Nas,
> zehn kleinen Krabbelfingern niese ich jetzt was.
> Hatschi![23]

Besonderheit: Berührungen auf beiden Körperseiten

Das Erkennen von Berührungen auf beiden Körperseiten gleichzeitig ist nicht leicht. Die Nervenbahnen der rechten Körperseite kreuzen ins linke Gehirn, die der linken Körperseite ins rechte Gehirn. Das Bewusstsein der „Seitigkeit" (Lateralität) ist eine besondere Form der Körperwahrnehmung. Erst wenn Kinder gekrabbelt sind und damit genügend Überkreuzbewegungen gemacht haben, ist es möglich, am eigenen Körper Berührungen auf der rechten und linken Körperseite gleichzeitig wahrzunehmen.

Berührt man ein Kind (Augen geschlossen) z. B. gleichzeitig am rechten Arm und am linken Bein, soll es diese Berührungen „orten" können. Kann es nur eine Berührung wahrnehmen, ist das Seitigkeitsbewusstsein (rechts – links) noch nicht ausgebildet und es sollten Überkreuzbewegungen gemacht werden (s. Kapitel Körperkoordination).

Der Bewegungs-, Kraft- und Lagesinn (Eigenwahrnehmung)

Während die Berührungswahrnehmung (taktile Wahrnehmung) in der Haut liegt (Oberflächensensibilität), geht die Eigenwahrnehmung in die Tiefe (Tiefensensibilität) und betrifft Muskeln, Sehnen und Gelenke. Man nennt diese Wahrnehmung auch Propriozeption (lateinisch proprius = eigen und recipere = aufnehmen). Durch sie erhält der Mensch aus dem eigenen Körper Informationen. Die Propriozeption setzt sich zusammen aus dem:
– Bewegungssinn: Empfinden der Bewegung und Erkennen der Bewegungsrichtung,
– Kraftsinn: Spannungszustand von Muskeln und Sehnen,
– Lagesinn: Position des Körpers im Raum, Stellung der Gelenke und des Kopfes.

Bei gestörter Eigenwahrnehmung der Hand ist es kompliziert, einen Knopf anzunähen, eine Flasche aufzuschrauben, etwas aus der Tasche zu holen. Das alles ist nur möglich, wenn die Augen alle Informationen erfassen können. Kinder mit schlechter Eigenwahrnehmung haben Schwierigkeiten mit Vorgängen, die sie nicht sehen können, z. B. beim Zähneputzen.

Kinder, bei denen die Eigenwahrnehmung wenig ausgeprägt ist, können nicht still sitzen und müssen sich ständig bewegen. Über die Bewegung bekommen sie Informationen über sich und den Raum.[24]

Entwicklung der Eigenwahrnehmung

1.–6. Woche: Mutter berührt das Kind (z. B. beim Wickeln); Kind berührt die Mutter; Kind nuckelt an den Fingern

ca. 2–3 Monate: nuckelt am Daumen

ca. 3–4 Monate: sieht seine Hände an und spielt mit ihnen

ca. 5–6 Monate: entdeckt Körperteile; spielt mit den eigenen Zehen

ca. 6–7 Monate: schaut in den Spiegel und berührt ihn

ca. 7–8 Monate: steckt die Zehen in den Mund

ca. 11–12 Monate: streckt Arm beim Anziehen nach vorne

ca. 12–15 Monate: streckt Beine beim Anziehen nach vorne

ca. 18–14 Monate: zeigt auf Körperteile

ca. 2–3 Jahre: benennt eigene Körperteile; kennt sein Geschlecht

ca. 3–4 Jahre: benennt viele Körperteile; versucht ein Männchen zu zeichnen

ca. 4–5 Jahre: kann ein Männchen zeichnen; unterscheidet zwischen leicht und schwer (der Stuhl ist schwer)

ca. 5–6 Jahre: kann Muskeln gezielt anspannen und entspannen

Bedeutung für die Mathematik:

> Sich seiner Körperbewegung bewusst zu sein,
> die Bewegungsrichtungen des eigenen Körpers zu kennen,
> sind Voraussetzungen für die Richtungs- und Raum-
> wahrnehmung außerhalb des Körpers.

Fördermöglichkeiten der Eigenwahrnehmung:

Pucken

Wenn Babys fest eingewickelt werden, wird die Eigenwahrnehmung aktiviert. Sie spüren sich besser und werden ruhig.

Bei der Betreuung meiner neugeborenen Tochter half mir eine Tante, die Säuglingsschwester war. Sie hatte sehr viel Erfahrung und ich konnte viel von ihr lernen. Als meine Tochter einmal sehr unruhig war, wickelte meine Tante sie ganz fest mit einem Tuch ein. Ich war erst ganz entsetzt und dachte: „Das Kind muss sich ja völlig eingeengt fühlen!" Aber siehe da, es wurde ganz ruhig und friedlich. Meine Tante ist in einem slawischen Land ausgebildet worden. Dort sollte das Wickeln in einen „Kokon" dazu dienen, dass Babys durch das Einhüllen wieder zu sich finden und zur Ruhe kommen.[25]

Eine Mutter erzählte mir, dass sie in einem Babykurs dieses feste Einwickeln unter dem Begriff „Pucken" gelernt hat.

Schwitzkasten

Eine mögliche Korrektur der nicht ausreichenden Eigenwahrnehmung bei kleinen und großen Kindern ist das „Sichbefreien" oder der „Schwitzkasten": im Sitzen das Kind zwischen die Beine setzen und umfassen. Es soll versuchen, sich aus der Umarmung zu befreien.[26] Dabei werden alle Muskeln, Sehnen und Gelenke aktiviert. Man sollte ihm auch den „Trick" zeigen, wie man aus der Umarmung wieder herauskommt (versuchen, unten durchzurutschen). Als Kinder machten wir den „Schwitzkasten": Ein Kind umfasste ein anderes sehr fest. Das Kind im „Schwitzkasten" musste versuchen, sich mit aller Kraft zu befreien.

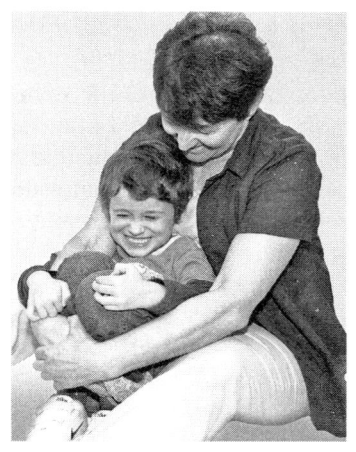

Weitere Fördermöglichkeiten für die Eigenwahrnehmung:

Kraftsinn
– Geben Sie Ihrem Kind „schwere" Sachen zum Schieben, z. B. Stühle, Kisten, Töpfe, Pakete u. a.

Lagesinn
– Große Kinder sollen sich räkeln und strecken.
– Statue spielen macht vielen Kindern Spaß: Eine Figur wird mit dem Körper gebildet, das Kind soll sie nachmachen und dazu sprechen: „Der Arm ist gebeugt, das Bein ist gestreckt; der Kopf ist nach vorne gebeugt." Dann wird aus dem Kind eine „Statue" gebildet und es soll mit geschlossenen Augen erkennen, welche Stellung der Arm, das Bein oder der Kopf hat.

Bewegungssinn
– Um diesen Sinn zu trainieren, sollten sportliche Aktivitäten ausgesucht werden, die dem Kind Spaß machen. Welche Sportart Sie für das Kind auch wählen, wichtig ist, dass der Körper ganzheitlich trainiert wird.

Der Gleichgewichtssinn (Vestibularsystem)

Um uns selbst und unsere Umwelt gut wahrnehmen zu können, brauchen wir neben der Tast- und Berührungswahrnehmung gut funktionierende Augen und ein stabiles Gleichgewicht. Vielleicht war es Ihnen einmal beim Autofahren, bei Schiffsreisen oder bei einer Karussellfahrt schwindlig. Dann wissen Sie, wie unangenehm es ist, wenn Ihr Gleichgewichtssinn außer Kontrolle gerät. Der Gleichgewichtssinn ist so empfindlich, dass schon die geringsten Richtungs- und Bewegungsänderungen eine starke Wirkung auf unser Gehirn haben. Bereits in der neunten Woche der Schwangerschaft beginnt sich das Gleichgewicht zu entwickeln und ist normalerweise im fünften Schwangerschaftsmonat recht gut ausgebildet. Es sorgt für den Richtungs- und Orientierungssinn in der Gebärmutter und bereitet auf die Schwerkraft vor, die das Kind bei der Geburt erstmals zu spüren bekommt. Durch die Körperbewegung der Mutter wird das Gleichgewichtssystem (vestibuläres System) des Fötus die meiste Zeit stimuliert. Frauen, die während der Schwangerschaft viel liegen mussten, haben manchmal Kinder mit Gleichgewichtsproblemen.

Das Gleichgewichtssystem überwacht alle Sinneseindrücke zwischen Gehirn und Körper. Dieses System befindet sich im Innenohr und arbeitet mit den Reflexen zusammen. Es reguliert jede Bewegung des Kopfes, registriert die Bewegungen in der Umgebung und veranlasst entsprechende Anpassungen.

> Ein stabiles Gleichgewicht ist wichtig für die Aufrechterhaltung unserer Körperhaltung, für eine koordinierte Bewegung, für die Kenntnis über unsere Stellung und Orientierung im Raum.

Entwicklung des Gleichgewichtssystems

ca. 3 ¹/₂–4 Monate: Das Kind kann den Kopf kontrollieren, zuerst in Bauchlage, dann im Sitzen mit Rückenstütze.

ca. 5–6 Monate: Kopfkontrolle in Rückenlage (siehe TLR).

ca. 7–8 Monate: Abstützreaktion nach vorn und zur Seite

ca. 8–9 Monate: sitzt mit geradem Rücken

ca. 7–10 Monate: steht mit Stütze

ca. 10–11 Monate: krabbelt

ca. 11–12 Monate: Abstützreaktion nach hinten

ca. 12–15 Monate: steht allein; geht schon einige Schritte allein

ca. 18–24 Monate: geht rückwärts und seitwärts; schießt einen Ball

ca. 2–3 Jahre: hüpft auf flachen Füßen, bremst, wechselt Richtung, fährt Dreirad

ca. 3–4 Jahre: kann einen 10 cm breiten Strich entlanggehen

ca. 4–5 Jahre: steht auf einem Bein, hüpft auf beiden Füßen vorwärts

ca. 5–6 Jahre: steht auf rechtem und linkem Bein; kann seilspringen

Bei den ärztlichen Untersuchungen und auch beim Schuleingangstest wird das Gleichgewicht geprüft:

Statisches Gleichgewicht:

Ein sechsjähriges Kind sollte ca. zehn Sekunden auf dem rechten und auch auf dem linken Bein stehen können.

Dynamisches Gleichgewicht:

Auf den Boden wird ein etwa zehn Zentimeter breiter Streifen gezeichnet. Das Kind sollte darauf vorwärts- (Fuß vor Fuß) und rückwärtslaufen (Fuß hinter Fuß), ohne Ausgleichsbewegungen zu machen (meist werden Ruderbewegungen der Arme zum Ausgleich benutzt).

Bedeutung für die Mathematik:

> Ohne Gleichgewicht geht die Orientierung verloren!
>
> Beim Rückwärtslaufen muss das Gehirn „umschalten".
> Kinder, die nicht rückwärts laufen können, haben z.B.
> Schwierigkeiten, von Plusaufgaben auf Minusaufgaben
> zu wechseln.

Fördermöglichkeiten zum Stabilisieren des Gleichgewichts
Die Gleichgewichtspunkte: Vor einer Tätigkeit, die ein gutes Gleichgewicht erfordert (z.B. Schaukeln), können die sogenannten Gleichgewichtspunkte gedrückt werden. Das sind Körperpunkte aus der Akupunktur bzw. Akupressur. Sie liegen auf den Meridianen. Das sind „Energiestraßen", die durch den Körper verlaufen. Auf ihnen sitzen Punkte, die bei der Akupunktur genadelt und bei der Akupressur massiert werden.

Die oberen Gleichgewichtspunkte[27]

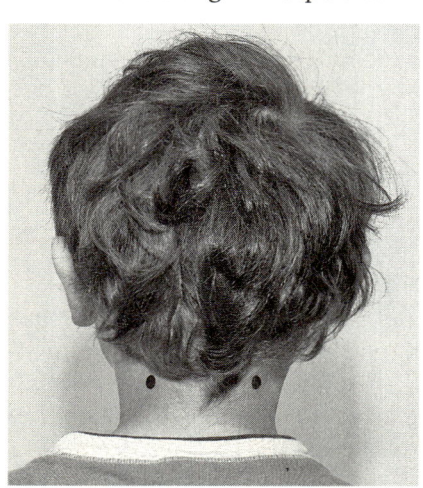

Die Punkte liegen in der Mulde zwischen Schädel und Nacken und auf dem Gallenblasenmeridian (Gbl 20). Sie werden etwa zehn bis dreißig Sekunden gehalten.

Gleichgewichtspunkte unten[28]

Sie liegen auf dem Nieren- und Blasenmeridian.

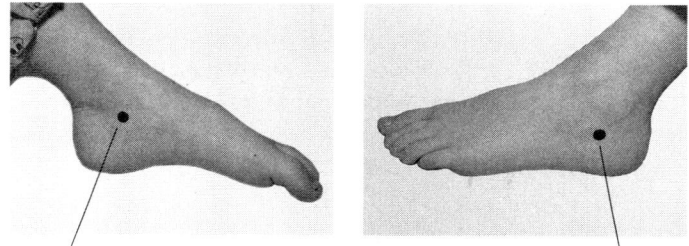

Nierenpunkt 6   *Blasenpunkt 62*

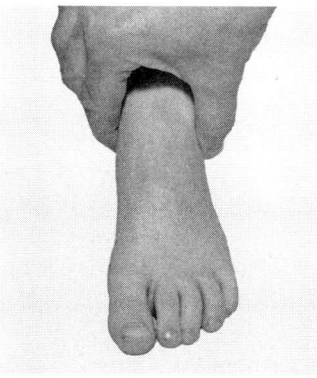

Gleichgewichtspunkte unten (beidseitig halten an beiden Füßen)

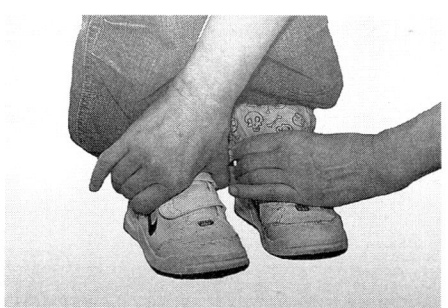

Eine Mutter rief mich an: „Es hat nicht gewirkt, was Sie mir gesagt haben." „Ja, was haben Sie denn gemacht?", fragte ich. „Na ja, ich habe Sabine die Gleichgewichtspunkte gehalten und sie anschließend auf das Rad gesetzt, dann ist sie runtergefallen!"

Bitte kein Wunder erwarten, sondern geduldig sein!

Zusammenfassung: Gleichgewichtspunkte
- Am besten beginnt man mit einfachen Übungen, wie z. B. auf einem Bein stehen (erst mit Festhalten, dann ohne).
- Bevor ein Kind hüpft, schaukelt oder Rad fährt, halten Sie am besten zuerst die oberen, dann die unteren Gleichgewichtspunkte. Sie können auch gleichzeitig gehalten werden. Das Kind hält selbst die oberen Punkte und Sie die unteren.
- Die Gleichgewichtspunkte können unterschiedlich lange gehalten werden, mindestens aber zehn Sekunden.

Weitere Fördermöglichkeiten, um das Gleichgewicht zu trainieren:

Hüpfspiele, z. B.:

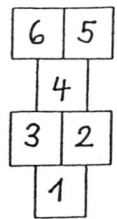

Bewegungsspiele:
- Tanzpuppe: Das Kind bewegt sich frei zur Musik. Wenn die Musik stoppt, hält das Kind still, bis die Musik wieder einsetzt.
- Drehwurm/Mühle: Das Kind dreht sich ganz schnell, stoppt auf Zuruf und verharrt in der jeweiligen Position,

bis ein neuer Zuruf zum Weitermachen kommt (Variation: Augen schließen).

- „Flieger": Das Kind wird an einem Bein und an einer Hand gefasst und im Kreis gedreht.
- Artistentraining: Das Kind probiert verschiedenartige Körperstellungen aus, z. B. Seiltänzer.
- Schaukeln: Wippe, Hängeschaukel, Hängematte, Schaukelstuhl usw.

Yogaübungen sind hervorragend geeignet, um das Gleichgewicht zu trainieren:

Auf einem Bein stehen   *Yogaübung: Baum*

Die Fernsinne und ihre Bedeutung für die Mathematik

Zu den Fernsinnen gehören der Sehsinn der Augen, der Hörsinn im Innenohr und der Geruchssinn der Nase. In den folgenden Kapiteln wird die Entwicklung und Förderung des Seh- und Hörsinns beschrieben, da beide für die mathematische Entwicklung bedeutsam sind.

Sehsinn und Augen – das visuelle System

Die meisten Sinneseindrücke sind visuell (haben mit dem Sehen zu tun). Deshalb ist das Sehen einer der wichtigsten Sinne. Gibt es in der Familie viele Brillenträger oder bestimmte Augenfehler, sollte das Kind sehr früh dem Augenarzt vorgestellt werden.

Es ist gar nicht so leicht festzustellen, ob mit den Augen etwas nicht stimmt. Kinder können nicht sagen: „Ich kann den Ball nicht fangen, weil ich ihn nicht sehe." Wenn Kinder merken, dass sie etwas nicht können, werden sie die betreffende Aktivität vermeiden und die daraus resultierende Einschränkung mit der Zeit als ganz normal erleben. Deshalb ist es wichtig, dass die Eltern und Erzieher im Kindergarten erkennen: „Halt, da stimmt doch was mit den Augen nicht!" Das kann der Fall sein, wenn ein Kind keine Treppen steigen kann, nicht malen oder basteln will, beim Spielen den Ball nicht gezielt werfen kann und in der Turnstunde Angst hat zu klettern. Natürlich ist der Augenarzt der Erste, der die Augenfunktion prüfen sollte. Dabei ist es wichtig, dass nicht nur die Sehschärfe getestet wird. Ich erlebe es immer wieder, dass Kinder trotz 100 Prozent Sehschärfe nicht lesen können. Oft liegt dies daran, dass die Augenmuskeln nur ungenügend kontrolliert werden können oder andere Sehprobleme bestehen.

Die Entwicklung des Sehens

Neugeboren: Die äußeren Augenmuskeln sind gut entwickelt und die Augen reagieren auf Seheindrücke. Die Augen können sich in alle Richtungen bewegen, aber nur ruckartig und unkoordiniert. Augen- und Kopfbewegung arbeiten noch nicht zusammen.

Pupillenreflex: Bei Lichteinwirkung ziehen sich die Pupillen zusammen.

Blinzelreflex: Bei grellem Licht schließt das Baby die Augen.

ca. 1–2 Wochen: Das Baby reagiert auf Licht, indem es den Kopf zum Fenster dreht, egal, wie es im Bettchen liegt; unkoordinierte Bewegungen in alle Richtungen.

ca. 2–6 Wochen: Fixationsreflex: Das Baby kann die Augen der Mutter kurz fixieren, das heißt den Blickkontakt halten.

ca. 6–8 Wochen: kann die Augen einer Person von der Mittellinie zur Seite und zurück verfolgen

ca. 2–3 Monate: verfolgt nahe Gegenstände 0°–90° (Gesichtsfeld)

ca. 3½–4 Monate: gute Augenkontrolle; kann den Blick halten (fixieren) und so einen Gegenstand in seiner Nähe betrachten; schaut seine Finger an, wenn es auf dem Rücken liegt

ca. 4–5 Monate: schaut in alle Richtungen

ca. 5–6 Monate: sieht und greift nach Gegenständen

ca. 6–7 Monate: Kopf und Augen können getrennt voneinander bewegt werden oder sich gemeinsam in horizontaler Richtung bewegen; Blick kann einen Gegenstand verfolgen

ca. 7–8 Monate: Kind kann sitzen und vertikale Kopf- und Augenbewegungen durchführen, ohne dass es umkippt; sieht nach Gegenständen, die auf den Boden fallen

ca. 9–10 Monate: Augen sind anatomisch voll entwickelt; Anpassung von der Ferne auf die Nähe und umgekehrt (Akkommodation) gelingt noch nicht gut; Kind kann einen Ball mit den Augen verfolgen und einen kleinen Gegenstand vom Boden nehmen (z. B. eine Murmel)

ca. 12–15 Monate: Formen prägen sich ein (Formkonstanz): Ein Ball wird als „rund" erkannt, egal ob er groß oder klein, rot oder blau ist.

ca. 18–24 Monate: kann sich Dinge vorstellen, die es nicht sieht (Ball liegt hinter der Tür); dreht Bilder richtig herum

ca. 2–3 Jahre: benennt eine Farbe; geometrisch geformte Gegenstände (z. B. würfelförmiges Klötzchen, zylinderförmiger Baustein) werden in die passenden Löcher gesteckt.

ca. 3–4 Jahre: Kind kann jetzt den Blick gut halten und seine Augen von der Nähe auf die Ferne anpassen (und umgekehrt)

ca. 4–5 Jahre: Fixation (Blick halten) und beidäugiges Sehen sind voll entwickelt; kann alle Farben benennen

ca. 5–6 Jahre: Verkehrszeichen und Zahlsymbole werden erkannt.

Bedeutung für die Mathematik:

> Gut funktionierende Augen sind die Voraussetzung
> für das Erfassen von Formen und Mengen.

Bei einem Vorschulkind ist es wichtig, dass beim Augenarzt und in der Sehschule (am besten von einer Orthoptistin oder einem Orthoptisten) folgende wichtige Sehfunktionen geprüft werden:

– Sehstärke
– Fixation: Blick halten können
– Akkommodation: Anpassen an Ferne und Nähe
– Augenmuskelkontrolle: in alle Richtungen schauen können
– Beidäugiges Sehen (binokulares Sehen): Seheindrücke von beiden Augen verschmelzen zu einem Bild.
– Gesichtsfeld: Bereich, der mit beiden Augen überblickt werden kann[29]

Übungen zum Sehen:

Augenmuskelbewegung

Jedes Auge hat sechs Augenmuskeln, damit sich die Augen in alle Richtungen bewegen können. Eine fließende,

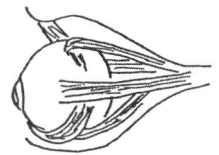

kontrollierte Augenmuskelbewegung ist etwa ab dem fünften Lebensjahr möglich und wichtig für die Konzentration.

Test der Augenmuskelbewegungen:
Bewegt das Kind synchron zur Bewegung der Augen den Kopf hin und her, sollte das Kinn gehalten werden.

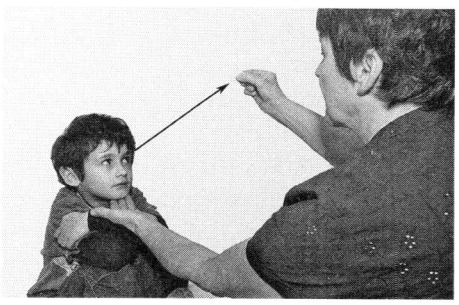

Test der Augenbewegungen in verschiedene Richtungen

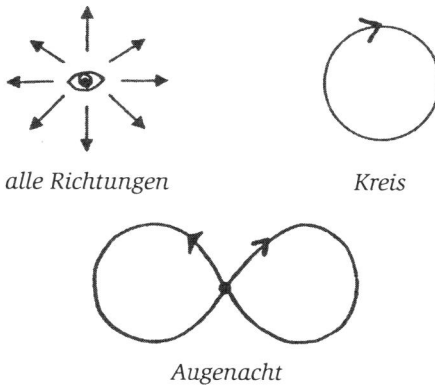

alle Richtungen   *Kreis*

Augenacht

Fördermöglichkeiten der Augenbewegung für Kleinkinder:
– einen Ball zum Kind hin schubsen, das Kind schubst zurück (Akkommodation: Nähe – Ferne),

- Spiel: „Ich sehe was, was du nicht siehst ... und das ist rot!" (Kind schaut in alle Richtungen),
- Gegenstände mit den Augen verfolgen (Autos, Bälle usw.); mit der Taschenlampe Lichtkegel bewegen und anhalten,
- Kletterspecht beobachten (oben – unten),
- Augentraining im Liegen: Das Kind liegt auf dem Rücken und legt die Hände auf die Augenpunkte. Nehmen Sie ein Fingerpüppchen, ein Quietschentchen o. Ä. und lassen Sie das Kind in alle Richtungen schauen. Falls es den Kopf mitbewegen will, halten Sie sein Kinn.

Fördermöglichkeiten der Augenbewegung für größere Kinder:
Größere Kinder sollten, ohne den Kopf zu bewegen, in alle Richtungen schauen können. Das gelingt den meisten mit etwa fünf Jahren. Wer den Blick nicht halten (fixieren) kann, kann sich nicht konzentrieren, z. B. ein Bilderbuch anschauen. Kinder, die nicht nach rechts und links schauen können, ermüden rasch beim Lesen und klagen manchmal auch über Kopfschmerzen. Die Augenacht oder „liegende Acht" [30] ist ab dem 5. Lebensjahr möglich.

Erfahrungsgemäß wird die Augenbewegung dann fließend, wenn Überkreuzbewegungen gut gelingen (siehe Körperkoordination).

Weil meine Förderschülerin Eva nicht lesen konnte, schickte ich sie zum Augenarzt. Die Mutter des Mädchens berichtete: „Der Augenarzt hat gesagt, Eva hat 100 Prozent Sehschärfe! An den Augen kann es nicht liegen!" Doch Eva konnte nur einige Male nach rechts und links schauen, dann war sie völlig erschöpft, rieb sich die Augen und gähnte. Wir machten dann ein Augenmuskeltraining in der Schule und die Mutter trainierte mit dem Kind zu Hause. Die Augen konnten sich immer besser hin und her bewegen und in alle Richtungen schauen. Das Lesen klappte zunehmend besser.

Augen entspannen

Nach dem Training der Augenmuskeln sollten die Augenpunkte gehalten werden. Sie liegen am Hinterkopf, wo sich das Sehzentrum befindet. Leichter Druck auf diese Punkte beruhigt und entspannt die Augen[31]. Viele Erwachsene legen nach anstrengenden Tätigkeiten für die Augen, z. B. nach Computerarbeit, ganz unbewusst die verschränkten Hände auf diese Punkte.

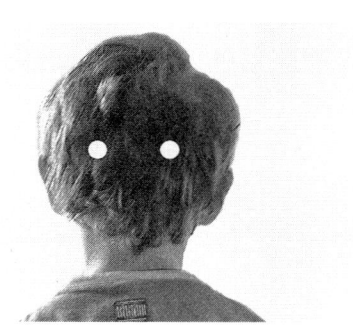

Augen und Gehirn

Die Augenmuskeln sind mit bestimmten Erinnerungs- und Denkzentren im Gehirn verbunden. Bei manchen Denkprozessen werden auch die entsprechenden Augenmuskeln aktiviert. Deswegen ist es sehr wichtig, dass sie sich reibungslos in alle Richtungen bewegen können (das prüft meist ein Neurologe).

Erinnern Sie sich doch einmal: Was hatten Sie vor zwei Tagen an? Was machen Ihre Augen? Wenn es Ihnen nicht gleich einfällt, schauen Ihre Augen unwillkürlich nach oben – und zwar nach links oben oder nach rechts oben, je nachdem, auf welcher Seite Ihr „Bildgehirn" angesiedelt ist. Bei einem Rechtshänder sitzt das Bildgehirn meist auf der rechten Seite und der Blick geht auf die gegenüberliegende Seite nach links oben.

> Das, was wir denken, bestimmt die Richtung der Augen!

Vielleicht erinnern Sie sich noch an Ihre Schulzeit. Wenn Sie vom Lehrer aufgerufen wurden und nicht gleich eine Antwort wussten, haben Sie erst einmal an die Decke geschaut. Meist sagte der Lehrer: „Da oben an der Decke steht die Antwort aber nicht!" Aber in gewisser Weise steht sie dort eben doch. Sobald Ihr Gehirn denkt, bewegen sich Ihre Augen in eine bestimmte Richtung. Viele Kinder werden gerügt, weil sie in der Gegend herumschauen und sich angeblich nicht konzentrieren. Dabei kann die Bewegung der Augen gerade ein Anzeichen dafür sein, dass sie versuchen, sich zu erinnern.

Augenzugangshinweise[32]

Die Blickrichtungen gelten normalerweise für einen Rechtshänder, dessen Bildgehirn auf der rechten Seite sitzt.

Sich an etwas erinnern, das man schon
gesehen hat:
„Welche Farbe hat dein Bettüberzug?"
Richtung: links oben

An etwas denken, das man noch nicht
gesehen hat:
„Stell dir einen grünen Elefanten vor!"
Richtung: rechts oben

Sich an ein bekanntes Geräusch erinnern:
„Wie hört sich der Klingelton deines
Handys an?"
Richtung: links seitlich

Sich ein Geräusch vorstellen, das man noch
nicht gehört hat:
„Wie hört es sich an, wenn ein Geldstück
auf das Autodach fällt?"
Richtung: rechts seitlich

Zu sich selbst etwas innerlich sagen:
„Erinnere dich an den Text deines Lieblings-
liedes!"
Richtung: rechts unten

Gefühle innerlich erleben:
„Wie fühlt es sich an, in kaltes Wasser zu
steigen?"
Richtung: links unten

Fördermöglichkeiten zum Einspeichern von Informationen

Visualisieren (Vorstellung innerer Bilder)
Die Augenbewegungen können eingesetzt werden, um Informationen im Gehirn (Bildgehirn) zu speichern, z. B. Farben, Verkehrszeichen, später Buchstaben und Zahlen und
auch Rechtschreibregeln und Vokabeln.

Ich frage Peter: „Wie schaut denn dein Bettüberzug aus?"
Wenn er sich erinnert, wird automatisch sein Blick nach
oben gehen. Schaut Peter nach links oben, dann halte ich
dorthin das, was er sich merken soll (z. B. die Farbe, die
Zahl, den Buchstaben).

Ein Spielzeugauto wird hochgehalten mit den Worten:
„Das Auto ist blau." Soll sich das Kind später erinnern,
schaut es dabei nach oben und erinnert sich an das blaue
Auto. Oder es stellt sich mit geschlossenen Augen das
blaue Auto vor. Dieses Verhalten nennt man „Visualisie-

ren", sich ein inneres Bild machen. Um sich Rechtschreib-
wörter oder Englischvokabeln merken und um sie abrufen
zu können, ist das Visualisieren ganz wichtig. Wenn jemand von Ihnen verlangt, das Wort „Vorhang" zu buchstabieren, werden Sie sich sofort das „Wortbild" vorstellen.
Wenn dieses Bild nicht in Ihrem Bildgehirn gespeichert
ist, könnten Sie Vorhang auch „Forhang" schreiben. Viele
Kinder schreiben anfangs so, wie sie hören. Das ist vor der
Schule auch in Ordnung. Später sollten sie lernen, sich das
Wortbild vorzustellen und im Gehirn zu speichern. Schulkinder, die nach dem Gehör schreiben, machen oft viele
Rechtschreibfehler. Deswegen sollten die Kinder frühzeitig
das „Visualisieren", das „Bildermachen im Gehirn", lernen.

Übung:

Mit dem Kind einen Apfel „erkunden": Der Apfel wird angefasst, abgetastet, befühlt und genau betrachtet. Dann wird
auf ihn geklopft und auf das Geräusch gehört, das dabei
entsteht. Nun wird an ihm gerochen und zum Schluss wird
er gegessen. Mmm … schmeckt der gut!

> Der Apfel wird mit allen Sinnen wahrgenommen.

Am nächsten Tag: „Mach doch einmal deine Augen zu! Er-
innerst du dich noch, wie der Apfel ausgesehen hat, sich
angefühlt hat, gerochen und geschmeckt hat? Stell dir vor,
der Apfel liegt auf dem Tisch und hat zwei Füße, zwei
Augen und einen lachenden Mund. Jetzt tanzt er auf dem
Tisch herum! Kannst du dir das vorstellen?"

Ich fragte Stephan: „Was hattest du denn gestern an?" Als
es ihm nicht gleich einfiel, schaute er automatisch nach
oben, um sich zu erinnern. In die Richtung, in die er seinen Blick gerichtet hatte, hielt ich eine Karte mit dem Wort

„Stern". Stephan schaute sich das Wort an und versuchte, es sich mit geschlossenen Augen vorzustellen und zu buchstabieren. Als ihm das gelungen war, sollte er das Wort sprechen, mit dem Finger in die Luft und auf seinen Arm schreiben. Dann sollte er sich das Wort noch in Gedanken, auf einer großen Kinoleinwand oder auf einem Fernsehbildschirm, vorstellen. Ist das Wortbild sicher gespeichert, kann er das Wort vorwärts und rückwärts buchstabieren (S – t – e – r – n und n – r – e – t – S). Kann das Kind das Wort fließend rückwärts buchstabieren, ist das Wort als Bild gespeichert.

Auch für Erwachsene sind Visualisierungsübungen ein gutes Gehirntraining: Stellen Sie sich eine umgedrehte Landkarte vor. Wo ist Südwest?

Visuelles Gedächtnis

Das visuelle Gedächtnis merkt sich die Form von Buchstaben und Zahlen und das Gehirn speichert diese Informationen.

Überprüfen des visuellen Gedächtnisses

Es wird geprüft, ob ein Muster mit den Augen erfasst, gespeichert und wiedergegeben werden kann. Das ist eine große Gedächtnisleistung! Beim Lesen ist diese Gedächtnisleistung für das Erfassen, Speichern und Wiedergeben von Buchstaben und beim Rechnen von Zahlen erforderlich.

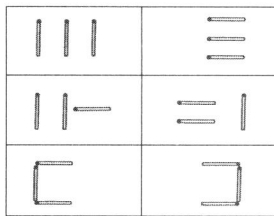

Einzelne Muster werden vorgelegt (mit Holzstäbchen, Streichhölzern oder Schaschlikstäben) und dann abgedeckt. Dann sollen sie aus dem Gedächtnis nachgelegt werden. Falls das nicht klappt, sollten Übungen zum Visualisieren gemacht werden (siehe Beispiel „Apfel erkunden").

Die visuelle Wahrnehmung

Die visuelle Wahrnehmung ist die Fähigkeit, etwas mit den Augen zu erkennen und zu unterscheiden. Das Verarbeiten des Gesehenen geschieht im Gehirn. Das Auge sieht den Ball und das Gehirn erkennt den Ball.

Für die Mathematik haben verschiedene Bereiche, die mit dem Sehen verbunden sind, besondere Bedeutung. Wichtig ist, dass Kinder von der ersten Lebenswoche an vielfältige Möglichkeiten bekommen, das Sehen zu trainieren (visuelle Stimulation). Alle Bereiche, die mit dem Sehen verbunden sind, sollten sich optimal entwickeln können.[33]

Körperwahrnehmung der Augen

Mit der Körperwahrnehmung der Augen ist gemeint, dass die Kinder wissen sollten, wo sich ihre Augen befinden: Die Augen sind im Kopf, man kann sie schließen und aufmachen, damit gucken und blinzeln. Beim Schlafen sind sie geschlossen.

Formwahrnehmung

Mit neun Monaten ist der Mund nicht mehr das wichtigste Sinnesorgan. Jetzt werden Augen und Finger wichtig. Das Kind untersucht alles ganz genau und beginnt, Formen wahrzunehmen: Der Teller ist rund, der Tisch ist eckig.

Formkonstanz (Wahrnehmungskonstanz)

Mit etwa 12 Monaten kann das Kind einen Gegenstand aus verschiedenen Blickwinkeln und Abständen und vor unterschiedlichem Hintergrund erkennen.

– Das Spielzeugauto bleibt das gleiche Auto, ob es auf dem Tisch liegt oder auf dem Fußboden, ob es fährt oder steht, ob es auf dem Dach oder auf der Seite liegt.

- Geometrische Formen werden betrachtet und befühlt. Sie werden nach ihrer Form sortiert (rechteckig, quadratisch, rund) und auch erkannt, wenn sich ihre Lage verändert, z.B. ein Dreieck steht auf der Spitze.
- Wenn einem Kind Teile eines Gegenstandes gezeigt werden, erfasst es die Ganzheit. Zeigt man ihm z.B. einen abgebrochenen Tassenhenkel, erkennt das Kind, dass dieses Stück zu einer Tasse gehört.

Farbwahrnehmung

Das Neugeborene sieht noch keine Farben. Während des ersten Lebensjahres sieht das Kind vor allem Rot und Gelb. Wenn es sprechen kann, nennt es zuerst Rot und Gelb, dann Grün und Blau. Mit etwa vier Jahren kennt das Kind alle wichtigen Farben, verwechselt aber oft noch Grün und Blau.

Figur-Grund-Wahrnehmung

Hier geht es darum, versteckte, sich überkreuzende Figuren (Gegenstände, Bilder, geometrische Formen) auf einem Untergrund zu erkennen. Dabei ist die Wahrnehmung der Richtung (oben – unten, rechts – links, vorne – hinten) und des Raumes (Abstand, Größe) von Bedeutung.

Zuerst sollte im dreidimensionalen Raum geübt werden: Auf dem Fußboden liegen Spielsachen verstreut auf einem gemusterten Teppich. Das Kind soll nun in diesem Wirrwarr alle Puppen finden.

Dann kommt der zweidimensionale Raum: In einem Bilderbuch ist ein Tisch abgebildet. Auf dem Tisch sind Gegenstände in verschiedenen Lagen übereinandergemalt. Das Kind sollte nun auf dem Bild bestimmte Sachen finden, z. B. einen Löffel erkennen.

Bedeutung für die Mathematik:

> Formen wahrzunehmen, zu ordnen und in jeder Lage im Raum zu erkennen, ist bedeutsam für das Erkennen von Zahlformen und wichtig für geometrische Grunderfahrungen.

Fördermöglichkeiten zum Training der visuellen Wahrnehmung:

- Kimspiele (Spiele zum schnellen Erfassen und Merken von Gesehenem): Verschiedene Spielsachen liegen auf einem Tisch. Das Kind sieht sie sich kurz an und sollte dann mit geschlossenen Augen sagen, was es sich gemerkt hat.
- Suchbilder und Labyrinthe verschiedener Art eignen sich ebenfalls als spielerische Fördermöglichkeit.
- Puzzles legen fördert das genaue Sehen und das Zusammenspiel von Augen und Händen.
- Leider ist das Quartettspielen etwas aus der Mode gekommen. Beim Quartett müssen Karten geordnet werden, z. B. vier Autos oder vier Blumen. Es ist für Kinder eine sehr gute Möglichkeit, mathematische Fähigkeiten zu trainieren: genaues Sehen – Reihenfolge erkennen – Karten ordnen – mit den Händen die Karten halten – zählen.

Hörsinn und Ohren – das auditive System

Der Hörsinn wird vor allem durch den Sehsinn unterstützt, aber auch durch den Berührungssinn und den Stellungs- und Muskelsinn.

Das Kind hört eine Glocke läuten; es dreht sich zur Geräuschquelle hin, um das Geräusch zu erforschen. Geräusche werden leichter wahrgenommen, wenn die Entstehung des Geräusches beobachtet werden kann: Uhr tickt (hören), der Sekundenzeiger bewegt sich (sehen).

Das Ohr als Hörorgan empfängt akustische Reize (Akustik ist die Lehre vom Schall) wie Töne, Klänge, Geräusche. Die Augen kann man schließen, die Ohren nicht. Da wir ständig von Geräuschen umgeben sind, können die Ohren überfordert sein und „blockieren". Wir hören zwar, verstehen aber nicht.

Eine Mutter sagte ganz verzweifelt zu mir. „Jetzt habe ich schon dreimal die Ohren von Christian ärztlich untersuchen lassen, doch die sind in Ordnung. Ich habe aber das Gefühl, er versteht nicht, was ich sage."

Beide Ohren müssen fähig sein zu hören, um die Weiterleitung und Verarbeitung des Gehörten im Gehirn zu ermöglichen. Dann erst können wir „verstehen".

Entwicklung des Hörens

1. Woche: Das Kind reagiert auf laute Geräusche.
ca. 2.–6. Woche: reagiert auf leise, nahe Geräusche
ca. 6.–8. Woche: reagiert auf die Stimme der Mutter
ca. 2–3 Monate: dreht den Kopf nach Geräuschen
ca. 5–6 Monate: hört bei Gesprächen zu
ca. 8–9 Monate: versteht ein einfaches Wort
ca. 9–10 Monate: versteht einzelne Wörter
ca. 10–11 Monate: versteht erstes Signalwort (Beispielsweise: „Bett" bedeutet: Jetzt geht es schlafen.)

ca. 11–12 Monate: erstes Wort

ca. 12–15 Monate: reagiert auf eigenen Namen

ca. 15–18 Monate: lokalisiert Geräusche recht schnell, versteht einfache Sätze

ca. 18–24 Monate: lokalisiert Geräusche in einem anderen Raum

ca. 2–3 Jahre: versteht einfache Geschichten, Reime und Lieder

ca. 3–4 Jahre: plappert vor sich hin, hält Monologe

ca. 4–5 Jahre: bildet lange Sätze, stellt viele Fragen

ca. 5–6 Jahre: fragt nach der Bedeutung von Wörtern; spricht richtig und deutlich

Bedeutung für die Mathematik:

> Das Gehör ist eng mit dem Gleichgewichtssinn verbunden. Die Hörfähigkeit und die Hörverarbeitung bilden das Fundament der Sprache.

Hörwahrnehmung

Genaues Hören

Bei manchen Kindern ist die Hörwahrnehmung eingeschränkt. Sie hören zwar, aber das Gehörte wird nur ungenau verarbeitet.

Das ist wie bei einem Radiosender, der nicht richtig eingestellt ist. Sie hören, dass jemand etwas erzählt, aber Sie müssen sich sehr anstrengen, um das Gesagte zu verstehen. Besonders im „Störlärm" ist die Hörwahrnehmung eingeschränkt. Bei Erwachsenen nennt man das den „Partyeffekt". Manche Menschen können sich nicht mit einer Einzelperson unterhalten, wenn viel Lärm um sie herum ist. Im Kindergarten können manche Kinder nicht genau hören, was die Erzieherin sagt, wenn die Geräuschkulisse zu laut ist. Ein Kind, das Schwierigkeiten mit der „Hörwahrnehmung" hat, sollte beim „Pädaudiologen" vorgestellt werden. Auch Frühförderstellen bieten solche Hörtests an. Es kann dann ein Hörtraining verordnet werden.

Fördermöglichkeiten zum genauen Hören:

– Unterscheiden von Geräuschen: Grob: Es klingelt an der Tür; ein Hund bellt; das Telefon klingelt. Fein: Papier raschelt; Wasser tropft; Regentropfen fallen aufs Fensterbrett; etwas essen und Kaugeräusche machen; entfernte Geräusche unterscheiden: Ein Vogel singt im Baum; nebenan läuft das Radio.
– Lassen Sie Ihr Kind Geräusche im Haushalt raten: Staubsauger, Fön, Spülmaschine u. a. Wenn Sie die Geräusche auf Kassette aufnehmen, können Sie ein Ratespiel mit Geräuschen machen.
– Lehren Sie Ihr Kind Reime, Gedichte und Lieder.
– spezielle Übungen zum Unterscheiden: Tonhöhe, Tonstärke, Tonlänge, Rhythmus; Musikinstrumente spielen: Triangel, Glocken, Xylophon

Richtungshören

Können die Augen Richtung und Raum gut wahrnehmen, wird auch das Richtungshören (Geräusche kommen aus einer bestimmten Richtung) unterstützt.

Ein Kind, das sich überall im Haus bewegen kann, bekommt einen guten Eindruck von der Größe und der Aufteilung des Raumes. Es wird auch Geräusche im Raum gut lokalisieren können.

Wenn Sie etwas sagen und das Kind hört nicht, prüfen Sie, wo Sie stehen: Hinter dem Kind, weit weg? Muss sich das Kind umdrehen, um Sie zu sehen, wenn Sie etwas sagen? Im Kindergarten und in der Schule ist es besonders wichtig, dass Kinder die Richtung „orten" können, aus der die Erzieherin bzw. der Lehrer spricht.

Fördermöglichkeiten zum Richtungshören:

– Verstecken Sie einen tickenden Wecker und lassen Sie das Kind nach ihm suchen.
– Im Straßenverkehr soll das Kind hören, aus welcher Richtung ein Auto kommt.
– Gehen Sie mit einer Glocke im Raum umher. Mit geschlossenen Augen soll das Kind raten, woher das Geräusch kommt (Richtung zeigen lassen).
– Spiele wie „Topfschlagen" oder „Hänschen, piep mal!" sind Hörspiele, die Kinder gerne machen.

Hörgedächtnis (auditives Kurzzeitgedächtnis)

Kann sich Ihr Kind Gehörtes merken? Viele Kinder hören zwar gut, können sich das Gehörte aber nicht merken.

Sie können prüfen, ob Ihr Kind Gehörtes für kurze Zeit speichern und wiedergeben kann (auditives Kurzzeitgedächtnis).

Aufgaben für Kinder ab drei Jahren:
– Rhythmen nachklatschen: tam-dada-tamtam
– Zaubersprüche merken:
  z. B.: ki-ru-mi, re-mo-la-di, pi-fi-ka-ro-si
– Telefonnummern merken und nachsprechen, und zwar vorwärts und rückwärts: 5, 2, 7

Wenn man sich eine längere Abfolge von Zahlen merken will, muss man sich ein inneres Bild aufbauen und sich die Zahlen vorstellen. Dann können sie gespeichert werden. Das gilt auch für das Merken von Buchstaben. Ist das nicht möglich, zeigt das eine Merk- und Speicherschwäche an.

Die Zahlenspanne, die man sich merken kann, ist abhängig vom chronologischen und neurologischen Alter.[34]

Beispiele:

ca. 3 – 4 Jahre: 3 vorwärts / 0 rückwärts
  5, 7, 4 vorsprechen; das Kind sollte sagen können: 5, 7, 4 vorwärts.

ca. 4–5 Jahre: 3 / 2
> 7, 3, 1 vorsprechen; das Kind sollte sich merken: 7, 3, 1 vorwärts und 1, 3 rückwärts.

ca. 5–7 Jahre: 4 / 3
ca. 7–9 Jahre: 5 / 4
ca. 12–13 Jahre: 6 / 5
ca. 15 Jahre: 7 / 6

Probieren Sie es einmal aus: Können Sie sich von sieben gehörten Zahlen sieben vorwärts und sechs rückwärts merken? Wenn Sie es schaffen, haben Sie ein hervorragendes Hörgedächtnis!

Ein Vorschulkind sollte sich mindestens drei Aufträge merken können.

„Geh zum Regal, nimm das Plüschtier und lege es auf den Tisch." Ist das Kind beim Regal und weiß schon nicht mehr, was es tun soll, ist das Hörgedächtnis (auditives Gedächtnis) noch nicht gut ausgeprägt.

Fördermöglichkeiten zum Hören mit kinesiologischen Übungen

Es gibt kinesiologische Übungen, die die Hörfähigkeit, das Hörverständnis und die Merkfähigkeit verbessern. Das sind die beiden Übungen „Denkmütze" und „Eule".

Übung: Denkmütze

Ausführung: mit Daumen und Zeigefinger die Ohrenränder von oben nach unten einige Male rubbeln.

Wirkung: Auf dem Ohrenrand sitzen viele Akupressurpunkte, die beim Rubbeln stimuliert werden. Das fördert die Aufmerksamkeit und die Konzentration. Gehörtes kann besser wahrgenommen werden.

Übung: Eule

Ausführung: Die rechte Hand auf die linke Schulter legen und den Kopf vorsichtig zur Seite dehnen und dabei ausatmen. Dann linke Hand auf die rechte Schulter legen, Kopf drehen und ausatmen.

Wirkung: Hals- und Schultermuskulatur werden entspannt und eine stabile Kopfhaltung wird gefördert. Die Fähigkeit zu hören und zu verstehen wird verbessert.

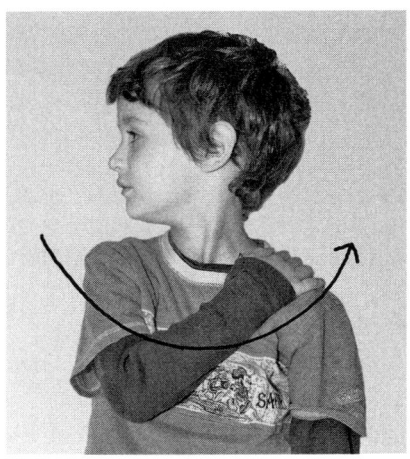

Eine optimale Unterstützung der Hörentwicklung bietet beispielsweise die musikalische Früherziehung.

Sprechen und Sprachverarbeitung beim Rechnen

> Wenn Rechnen erfolgreich sein soll, benötigen wir die Sprache.[35]

Zunächst lernen die Kinder zählen, ohne eine Vorstellung von der Menge zu haben. Erst später werden die Zahlwörter der entsprechenden Menge zugeordnet. Die Kinder deuten z. B. während des Zählens mit dem Finger auf die zu zählenden Gegenstände. Sie zählen der Reihe nach, ohne einen Gegenstand zu überspringen oder doppelt zu zählen. Durch das Sprechen (erst lautes Sprechen, später innerliches Sprechen) steuert das Kind sein Handeln.

Wichtig ist auch, dass immer die gleichen Sätze in der gleichen Reihenfolge gesprochen werden, damit es zu einer Automatisierung kommen kann. Auch wenn wir das Einmaleins schon automatisiert und im Langzeitgedächtnis gespeichert haben, erfolgt das Abrufen der Ergebnisse immer in sprachlicher Form (innerliches Sprechen).

Besonders Textaufgaben in der Schule erfordern viel Sprachverarbeitung. Der Text muss gelesen und verstanden werden – das geschieht über unser sprachverarbeitendes System.

Die Sprechorgane und ihre Entwicklung

1. Woche: Suchreflex, Saugreflex, Schluckreflex, Weinen
ca. 2 – 6 Wochen: Rachenlaute
ca. 6 – 8 Wochen: soziales Lächeln, verschiedenes Weinen
ca. 2 – 3 Monate: einzelne Laute, Gesichtsmimik
ca. 3 – 4 Monate: verschiedene Zungenbewegungen, lacht
ca. 4 – 5 Monate: wechselt die Stimmstärke
ca. 5 – 6 Monate: wiederholt Laute, trinkt mit Hilfe aus einem Becher; Such- und Saugreflexe nehmen ab.

ca. 6–7 Monate: plappert mit wechselnder Dauer und Tonhöhe; kaut

ca. 7–8 Monate: übt Laute; feste Nahrung wird gegessen; lange Lautketten werden geplappert; erster Zahn kommt

ca. 9–10 Monate: spricht einzelne Laute nach

ca. 10–11 Monate: erstes Signalwort

ca. 11–12 Monate: erstes Wort

ca. 15–18 Monate: Einwortäußerungen

ca. 18–24 Monate: ahmt beim Plappern Tonfall und Rhythmus nach; bildet Zweiwortsätze

ca. 2–3 Jahre: kombiniert drei bis fünf Wörter; kommentiert Handlungen; mahlende Kaubewegung; Milchzähne sind alle da; die Plappersprache ist beendet.

ca. 3–4 Jahre: spricht lange Monologe

ca. 4–5 Jahre: bildet lange Sätze; stellt viele Fragen

ca. 5–6 Jahre: spricht deutlich und richtig; fragt nach der Bedeutung von Wörtern

Sprechorgane[36]

Zu den Sprechorganen gehören: Lippen, Zähne, Zunge, Kehlkopf, Gaumen und die Luftwege (oben: Rachen, Mundhöhle, Kehlkopf, Nasenhöhle und Nasennebenhöhlen, unten: Bronchien und Lunge). Auch die Muskeln, die für die Mimik zuständig sind, wirken beim Sprechen mit.

Beispiele:
– Mund aufmachen und wieder zufallen lassen
– Nase rümpfen und wieder entspannen
– Zähne zusammenbeißen

Die Atmung

Auch die richtige Atmung ist für das Sprechen wichtig. Um die Atmung zu prüfen, soll sich das Kind hinlegen. Dann kommt ein Buch auf den Bauch. Nun soll das Kind einatmen. Wenn bei der Einatmung Bauch und Buch „hochgehen", atmet das Kind richtig (Bauchatmung). Hebt sich aber beim Einatmen der Brustkorb und der Bauch wird eingezogen, dann ist die Atmung eingeschränkt und anstrengend.

Fördermöglichkeiten für die Atmung:
– Saugübungen (Strohhalm),
– Kerzen und Streichhölzer ausblasen,
– tief einatmen und die Luft anhalten,
– den Kopf ins Wasser tauchen und Luft anhalten,
– einen Luftballon aufblasen,
– Seifenblasen machen,
– singen,
– Watte pusten.

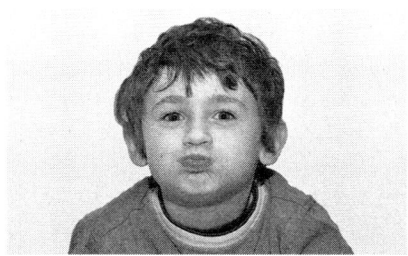

Es gibt Yogakurse oder auch autogenes Training für Kinder. Dort wird das richtige Atmen gelernt.

Die Lippen
Die Lippenmuskeln können so schwach ausgebildet sein, dass das Kind nur mühsam essen und Lippenlaute nicht aussprechen kann. Eine ärztliche Untersuchung und Therapie sind hier unbedingt notwendig.

Übungen für die Lippenmuskeln:
– abwechselnd Zähne zeigen und den Mund schließen,
– eine Schnute machen (die Lippen spitzen), dann Mund ganz breit machen,

- beim Essen die Lippen um den Löffel schließen,
- pfeifen,
- mit verschiedenen dicken Strohhalmen trinken,
- die Backen aufblasen,
- Pusteübungen mit Wattekugeln, Federn u. a.,
- die Lippen zusammenpressen und wieder lockern.

Der Kiefer

Das Kind muss Ober- und Unterkiefer gut bewegen können, damit es beim Essen gut kauen und sich beim Sprechen gut artikulieren kann. In der Kinesiologie gibt es das
Energiegähnen als wirkungsvolle Übung.

Energiegähnen

Den Mund locker öffnen und versuchen zu gähnen, die
Kiefergelenke vom Ohr bis zum Kinn abklopfen; entspannt
die Gesichtsmuskeln, fördert die Ausdrucksfähigkeit und
das laute Sprechen.

Jörg, ein Erstklässler, sollte bei einem Rechenspiel Kopf-
rechenaufgaben lösen, was er normalerweise gut konnte.
Diesmal aber brachte er keinen Ton heraus. Ich sagte zu

ihm: „Willst du mit mir das Energiegähnen machen, dann geht das laute Sprechen besser?" Er nickte mit dem Kopf. Wir machten unseren Mund weit auf, gähnten ganz laut und klopften uns die Wangen ab. Nach der Übung konnte Jörg die Ergebnisse der Aufgaben wie selbstverständlich sagen. Später beobachtete ich Jörg manchmal, wie er heimlich, versteckt in einer Ecke, seine Wangen abklopfte.

Die Zunge

Sie sollte frei beweglich sein, sodass sie alle Bewegungen rasch ausführen kann. Folgendes Bewegungsspiel gibt es in verschiedenen Variationen:

Bewegungsspiel „Frau Zunge"

Frau Zunge wohnt in ihrem Haus,
und manchmal schaut sie zum Fenster raus
    (Zunge herausstrecken).
Sie schaut nach links
    (Zunge in den linken Mundwinkel)
und nach rechts
    (Zunge in den rechten Mundwinkel)
und nach oben und nach unten
    (Oberlippe und Unterlippe schlecken).
Dann winkt sie ihren Nachbarinnen
    (Zunge hin und her bewegen).

Sie putzt ihr Haus:
erst das Wohnzimmer
    (Zunge in der rechten Backe bewegen),
dann das Schlafzimmer
    (Zunge in der linken Backe bewegen),
den Dachboden
    (Zunge über die oberen Zähne),
den Keller
    (Zunge über die unteren Zähne bewegen) und dann noch rundherum.

Und zum Schluss holt sie den Staubsauger und saugt den Staub auf
(Zunge einrollen und Luft einziehen)
Jetzt ruht sich Frau Zunge aus
(Augen schließen, Zunge liegt ganz ruhig im Mund, gleichmäßig durch die Nase atmen).

Bei Sprach- und Sprachverarbeitungsstörungen sollte rechtzeitig ein Logopäde/eine Logopädin konsultiert werden. Auch Hörstörungen können zu Sprachstörungen führen, deshalb sollte so früh wie möglich das Gehör überprüft werden.

Körperbeherrschung und Körperkoordination

„Unter Koordination versteht man das harmonische Zusammenspiel von Muskelgruppen, Muskelketten und Körperteilen zu einer fließenden Körperbewegung."[37] An diesem Zusammenspiel sind die Sinnesorgane und das Gehirn beteiligt.

Körperbeherrschung und Körperkoordination erlernt das Kind durch vielfältige Bewegungserfahrungen. Die Entwicklung ist mit dem 10. Lebensjahr weitgehend abgeschlossen.

Entwicklung der Körperkoordination

Beim Neugeborenen können die verschiedenen Sinne noch nicht zusammenarbeiten. Es ergreift z. B. eine Rassel, sieht sie aber nicht gezielt an.

Erst mit drei bis vier Monaten werden Sehen, Hören und Bewegung miteinander verknüpft. Jetzt sieht das Baby die Rassel an, befühlt sie, bewegt sie und hört auf das Geräusch.

Mit acht bis neun Monaten kann es die Rassel bewusst in die Hand nehmen, schütteln und ein Geräusch erzeugen. Es erkennt die zeitliche Abfolge:
– Rassel in die Hand nehmen,
– Bewegung machen,
– Geräusch erzeugen.

Die Koordination kann sehr unterschiedlich sein: „flink wie ein Wiesel, plump wie ein Elefant, lahm wie eine Ente". Diese Vergleiche sagen viel über die Qualität der Koordination aus. Ob jemand steif oder gelenkig, schnell oder langsam ist, deutet sich im Kindesalter schon an.

Bewegung trainiert den Körper und das Gehirn

Damit unser Gehirn effizient arbeiten kann, braucht es Sauerstoff, Traubenzucker (Glukose), Flüssigkeit (Wasser) und Bewegung. Der Erlanger Medizin-Psychologe Dr. Siegfried Lehrl hat untersucht, wie man am besten lernt. Er stellte fest, dass Schüler und Studenten, die Kaugummi kauen, stricken, auf dem Papier Muster kritzeln, im Raum umherlaufen, immer wieder Wasser trinken, etwas essen (vor allem Kohlehydrate), den Lernstoff viel besser aufnahmen als die Schüler, die still auf ihrem Platz sitzen blieben.

Vielleicht malen auch Sie gelegentlich vor sich hin, während Sie telefonieren. Während sich Ihre Hand bewegt, können Sie vielleicht besser zuhören. Oder sie wippen mit den Füßen auf und ab, während Sie am Computer sitzen.

Vor allem ist die Bewegung wichtig für das Denken. Jede Bewegung, die wir machen, muss im Gehirn gemeldet werden, ob wir nun den Arm bewegen oder das Bein, ob unser Mund sich bewegt oder die Augen sich bewegen. Im Laufe der letzten Jahre habe ich festgestellt, dass Lernstörungen bei Kindern immer mehr zunehmen. Das liegt zum großen Teil am Bewegungsmangel. Nicht alle Kinder haben die Möglichkeit, im eigenen Garten zu spielen oder auf einen Spielplatz zu gehen. Wenn Kinder mit Lernstörungen zu mir kommen, überprüfe ich immer die Bewegungsfähigkeit und Geschicklichkeit. Zum Beispiel fällt es vielen Kindern schwer, eine „richtige" Überkreuzbewegung zu machen. Das gilt auch für Kinder und Jugendliche, die schon in die Realschule oder aufs Gymnasium gehen. Entscheidend ist, dass die Überkreuzbewegungen wirklich exakt ausgeführt werden. Dies ist wichtig, damit die beiden Gehirnhälften optimal zusammenarbeiten können.

Die beiden Gehirnhälften

Die rechte Körperseite wird von der linken Gehirnhemisphäre gesteuert, die linke Körperseite von der rechten. Gelingt die schnelle Schaltung der Nervenbahnen über Kreuz, haben wir ein „schnell" denkendes Gehirn, und die Lernfähigkeit ist hoch.

Die beiden Gehirnhälften haben verschiedene Aufgaben: Die linke Gehirnhälfte arbeitet vorwiegend logisch und detailliert („Logikgehirn"), während die rechte Gehirnhälfte mehr bildhaft und ganzheitlich arbeitet („Bildgehirn").

Eine entscheidende Stelle zwischen den beiden Gehirnhälften ist der Balken (Corpus callosum). Hier laufen die meisten Gehirnverbindungen über die beiden Hemisphären. Eine Aktivierung dieser Bahnen gelingt am besten mit der Ausführung von Überkreuzbewegungen.

Die gute Zusammenarbeit beider Gehirnhälften ist eine Voraussetzung für gut koordinierte Bewegungen, Sprache und das Lernen allgemein.[38]

Linke Gehirnhälfte		Rechte Gehirnhälfte
logisch		intuitiv
analytisch		ganzheitlich
rational		kreativ
abstrakt		bildhaft
linear		räumlich
organisiert		impulsiv
Detail		Gesamtüberblick
Sprache: formuliert		Sprache: Klang, Rhythmus
konstruiert Bilder		erinnert sich an Bilder

Bevorzugung einer Gehirnhälfte[39]

Jeder Mensch arbeitet bevorzugt mit einer Gehirnhälfte – auch wenn stets beide Hemisphären aktiv sind. Der eine denkt und arbeitet mehr logisch bestimmt, ist mehr Realist. Der andere denkt eher intuitiv, hat viele Ideen und ist mehr „Träumer". Bei Kindern ab etwa vier Jahren kann schon die Bevorzugung einer Gehirnhälfte festgestellt werden:

Hinweise für eine Bevorzugung der rechten Gehirnhälfte:
– Das Kind ist unordentlich und chaotisch,
– kann sich nur kurz konzentrieren,
– lässt sich nicht hetzen,
– hat Schwierigkeiten mit der Uhrzeit (Detail!),
– mag Musik, aber keine Noten,
– vergisst Abmachungen.

Hinweise für eine Bevorzugung der linken Gehirnhälfte:
– Das Kind ist ordentlich und genau,
– kann sich gut konzentrieren,
– lernt die Uhr leicht,
– will klare Anweisungen,
– ist ehrgeizig,
– hört bei Liedern auf den Text,
– hält sich an Abmachungen.

Erwachsene bevorzugen meist ebenfalls eine Gehirnhälfte. Schauen Sie doch einmal auf Ihre Uhr:

Haben Sie eine Uhr mit Digitalanzeige, dann bevorzugen Sie wahrscheinlich Ihr „logisches Gehirn" und sind vielleicht ein ausgesprochener Realist. Bevorzugen Sie eine Uhr, auf der das Zifferblatt zu sehen ist, brauchen Sie den Gesamtüberblick. So arbeitet das rechte Gehirn. Sie haben wahrscheinlich viele Ideen und viel Fantasie.

Am besten ist es, wenn Ihre beiden Gehirnhälften eng vernetzt sind. Dann können Sie Ihre Ideen auch gut planvoll umsetzen. Die Vernetzung der Gehirnhälften können Sie über die Bewegung trainieren.

> Wenn beide Gehirnhälften gut zusammenarbeiten, haben wir intuitiv den Gesamtüberblick und können besser logische Schlüsse ziehen.

Der Satz vom „Zweibein" zeigt, wie effektiv Sie sich etwas merken können, wenn beide Gehirnhälften zusammenarbeiten.

Versuchen Sie folgenden Satz einmal zu lesen und danach auswendig nachzusagen. Die Worte aktivieren vor allem die linke, logische Gehirnhälfte:

> Ein Zweibein sitzt auf einem Dreibein und isst ein Einbein. Da kommt ein Vierbein und will dem Zweibein das Einbein wegnehmen. Da nimmt das Zweibein das Dreibein und schlägt damit das Vierbein in die Flucht.[40]

Ist das schwierig?

Dann versuchen Sie jetzt, die rechte Gehirnhälfte stärker zu beteiligen. Diese sieht Bilder. Stellen Sie sich vor: Ein Mensch (Zweibein) sitzt auf einem Hocker (Dreibein) und isst ein Hühnerbein (Einbein). Ein Hund kommt (Vierbein) und will dem Menschen das Hühnerbein wegnehmen.

Nun lesen Sie den obigen Satz noch einmal und stellen sich die Bilder dazu vor (Mensch als Zweibein, Hocker als Dreibein, Hühnerknochen als Einbein und den Hund als Vierbein). Versuchen Sie nun, den Satz mit geschlossenen Augen zu sprechen.

Beide Gehirnhälften arbeiten gemeinsam. Die rechte kann, bezogen auf diese Aufgabe, eher als „Bildspeicher" bezeichnet werden, die linke eher als „Wortspeicher".

„Gedächtniskünstler" wenden die oben beschriebene Technik ebenfalls an. Sie merken sich eine bestimmte Anzahl von Bildern (1 ist eine Kerze, 2 ist ein Schwan, 3 ist ein Dreizack, 4 ist ein Kleeblatt usw.). An diese Bilder koppeln sie Informationen wie Telefonnummern, Geburtsdaten usw.

Krabbeln – Grundlage der Koordination

> Damit beide Gehirnhälften optimal miteinander verbunden werden und eine koordinierte Bewegung gelingt, ist die Krabbelphase ein wichtiger Schritt.

Beim Krabbeln macht das Kind die ersten selbstständigen Überkreuzbewegungen.

Je intensiver ein Kind krabbelt, desto schneller können die Gehirnbahnen über den Balken aktiviert werden. Ein Junge hat es einmal so formuliert: „Ich glaube, mein Gehirn ist jetzt eine Autobahn!"

Entwicklung des Krabbelns

ca. 1. Woche: Wird der Kopf des Kindes von der Mutter gedreht, folgt der ganze Körper nach.

ca. 3 – 4 Monate: Bei passiver Kopfdrehung erfolgt eine Drehung in der Wirbelsäule.

ca. 5–6 Monate: Das Kind rollt selbst vom Bauch auf den Rücken.

ca. 6–7 Monate: Es rollt selbst vom Rücken auf den Bauch.

ca. 8–9 Monate: Kriechen (Gleichseitige Bewegung: gleichzeitig gehen rechter Arm und linkes Bein nach vorne, dann linker Arm und linkes Bein.)

ca. 9–10 Monate: „Häschenhüpf"; Fersensitz; vorwärtsrutschen, auf dem Po sitzend

ca. 10–11 Monate: Krabbeln im Überkreuzmuster

ca. 11–12 Monate: Bärengang (Das Kind geht auf zwei Händen und zwei Beinen vorwärts wie ein Bär.)

ca. 15–18 Monate: Das Kind krabbelt die Treppe hinauf.

ca. 18–24 Monate: Es krabbelt die Treppe rückwärts hinunter.

Symptome, die sich bemerkbar machen können, wenn ein Kind nicht gekrabbelt ist:

– Die Händigkeit ist nicht ausgeprägt. Das Kind schreibt mal mit der rechten, dann wieder mit der linken Hand.

– Das Kind vermeidet es, die Körpermitte zu überqueren. Wenn es z. B. eine waagerechte Linie malen soll, zeichnet es mit der linken Hand bis zur Mitte, nimmt dann den Stift in die rechte Hand und zeichnet weiter.

– Rechts und links werden ständig verwechselt.

– Das Kind kann keine Schleife binden (Überkreuzbewegung!).

– Buchstaben werden seitenverkehrt geschrieben (b – d).

– Die Schreibrichtung wird nicht eingehalten. Das Kind schreibt in Spiegelschrift oder es schreibt einmal von rechts nach links, dann wieder von links nach rechts.

– Die Augen können sich nicht gut von rechts nach links bewegen, was beim Lesen notwendig ist.

– Ist die Rechts-links-Richtung nicht stabil, kann das Gehirn bei „Platzhalteraufgaben" nur schwer „umschalten", z. B. $2 + 3 = \square$, $2 + \square = 5$, $\square + 3 = 5$.

Fördermöglichkeiten für Überkreuzbewegungen

Vorbereitung des Krabbelns

Es gibt PEKiP-Kurse (**P**rager **E**ltern-**Ki**nd-**P**rogramm), in denen Eltern mit ihren neugeborenen Kindern entwicklungsgerecht spielen lernen.[41]

Am Wickeltisch kann man schon mit passiven Überkreuzbewegungen beginnen. Auch bei Schulkindern mache ich die Überkreuzbewegungen im Liegen, wenn es im Stehen zu schwierig für sie ist. Wenn diese Bewegungen nicht gleich und sofort gelingen, sind die meisten Kinder frustriert. Werden diese Bewegungen im Liegen einige Zeit durchgeführt, dann gelingen sie auch im Stehen. Wichtig ist vor allem die „Qualität" der Bewegung, das heißt, sie sollte sehr sorgfältig ausgeführt werden: ganz langsam und sehr bewusst.

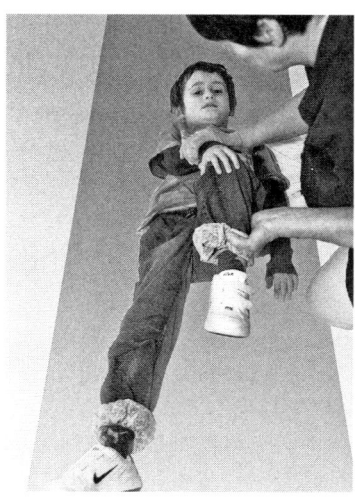

*Überkreuz-
bewegung
liegend*

Krabbeln, aber richtig!

Ausschlaggebend beim Krabbeln ist das „Wie". Es müssen einige Kriterien erfüllt sein, damit es effektiv ist:

- Die Hände sollten sich entfalten, nicht verkrampfen.
- Rechte Hand und linkes Knie, linke Hand und rechtes Knie sollten rhythmisch eingesetzt werden.
- Der Po sollte nicht zu stark hinter den Knien sein.
- Auch bei unterschiedlicher Unterlage sollte das Kind im Überkreuzmuster rhythmisch krabbeln.

Vorschulkinder sollten Überkreuzbewegungen im Stehen durchführen können.

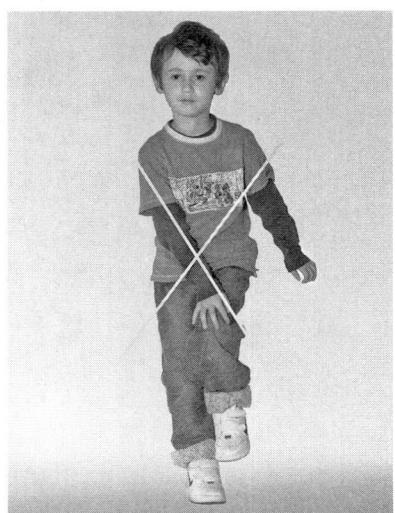

Überkreuzbewegung stehend

Besonders beachten:
– Schwingen die Arme locker nach hinten oder sind sie
  abgewinkelt?
– Schwingt das Bein geradeaus oder wird es beim Anheben
  über die Mittellinie gezogen?
– Ist die Bewegung ruhig oder ruckartig und verkrampft?

> Überkreuzbewegungen sollten harmonisch aussehen!

Gleichseitige Bewegung (homolateral)

Die gleichseitige Bewegung, die dem Kriechen entspricht,
sollte mit der Überkreuzbewegung abgewechselt werden.
Ich habe die Erfahrung gemacht, dass Schulkinder, die Probleme in Mathematik haben, diese Bewegung nicht gut beherrschen. Sie aktiviert meiner Erfahrung nach besonders
die logische Gehirnhälfte.

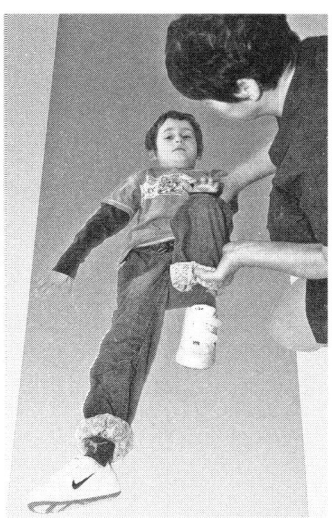
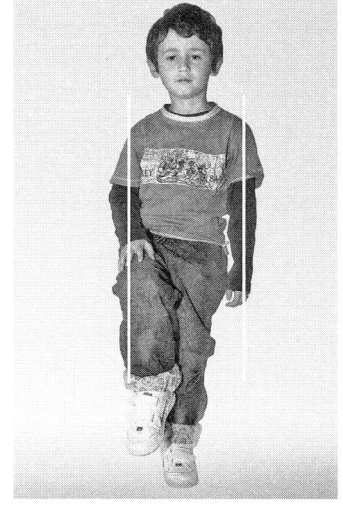

*Das Kind ist gekrabbelt, beherrscht aber keine Überkreuz-
bewegung*

Wenn Kinder „richtig" gekrabbelt sind und dennoch Schwierigkeiten mit Überkreuzbewegungen haben, dann kann das
auch andere Ursachen haben.

- Das Kind hatte eine oder mehrere Operationen mit Nar-
  kose,
- eine Gehirnerschütterung,
- Fieberkrämpfe,
- es gab Probleme nach dem Impfen,
- Infektionskrankheiten,
- traumatische Erlebnisse (z. B. ein Unfall).

Bedeutung für die Mathematik:

> Wer zwischen gleichseitiger Bewegung und Überkreuz-
> bewegung wechseln kann, hat eine gute Körper-
> koordination und eine schnelle „Gehirnschaltung"
> zwischen „Logik-" und „Bildgehirn".

Fördermöglichkeiten für die Körperkoordination

Wer fließend zwischen gleichseitiger Bewegung und Überkreuzbewegung wechseln kann, hat eine gute Körperkoordination und eine schnelle „Gehirnschaltung".

Es sieht einfach aus, wenn man es kann! Wenn ich
den Eltern den Wechsel zwischen Überkreuzbewegung
und gleichseitiger Bewegung vormache, meinen die meisten: „Ach, das geht ja leicht!" Wenn sie es dann selbst probieren, dann merken sie, wie schwierig das eigentlich ist.

Gehirnbahnung (Lateralitätsbahnung) nach Dennison

Die Gehirnbahnung hat sich als sehr wirkungsvolle Korrektur erwiesen, die ich als Grundlage bei jeder Behandlung von Lernproblemen durchführe. Sie besteht aus Überkreuzbewegungen und gleichseitigen (homolateralen) Bewegungen.

Ablauf der Gehirnbahnung [42]

Bei kleinen Kindern wird die „Gehirnbahnung" im Liegen gemacht, bei größeren im Stehen.

Ablauf der Gehirnbahnung im Stehen

1. Stufe: Überkreuzbewegungen: X
- rechte Hand auf linkes Knie, linke Hand auf rechtes Knie, dabei nach oben schauen (Bildgehirn wird aktiviert.)

2. Stufe: gleichseitige Bewegungen: ||
- rechte Hand auf rechtes Knie, linke Hand auf linkes Knie, dabei zählen (Logikgehirn wird aktiviert.)

3. Stufe: Überkreuzbewegungen:
- dabei ein X anschauen (gemalt auf ein Blatt oder mit den Armen ein Kreuz bilden.)

4. Stufe: gleichseitige Bewegungen:
- dabei zwei parallele Linien anschauen ||, ebenfalls gemalt auf ein Blatt oder die Arme parallel halten

5. Stufe: Überkreuzbewegungen:
- dabei in alle Richtungen schauen

6. Stufe: gleichseitige Bewegungen:
- dabei in alle Richtungen schauen

Zum Schluss noch einige Überkreuzbewegungen X
Die Stufen 1 bis 4 sind als Vorstufen gedacht. Das Sehen nach oben und unten und das Schauen auf X und || sind

dafür gedacht, dass von der Bewegung abgelenkt wird. Sie sollte automatisch ablaufen. Die Stufen 5 und 6 sind am schwierigsten, denn Überkreuzbewegungen zu machen und in alle Richtungen zu schauen (dabei arbeitet das ganze Gehirn) ist ganz schön schwierig. Wer diese Stufe reibungslos schafft, ist schon sehr gut.

Gehirnbahnung im Liegen

Im Liegen führe ich die Bahnung gemeinsam mit einer zweiten Person aus. Das ist bei den meisten Kindern bis zur zweiten Klasse die Norm. Ich führe die Arme und Beine des Kindes, während eine zweite Person (meist die Mutter) einen Gegenstand in der Hand hält, dem das Kind nachschauen soll. Zuerst schaut das Kind nach oben und summt (Aktivierung der rechten Gehirnhälfte). Dann sieht es nach unten und zählt (Aktivierung der linken Gehirnhälfte). Zum Schluss soll es in alle Richtungen schauen. Dabei werden Überkreuzbewegungen und gleichseitige Bewegungen gemacht. Meist kann das Kind nach der Bahnung die Überkreuzbewegungen im Stehen selbstständig durchführen. Je nach Entwicklungsstand werden die beiden Bewegungen mindestens zwei Wochen zu Hause durchgeführt, damit sie automatisiert werden.

Die „Gehirnbahnung" führen auch Therapeuten durch, die kinesiologisch ausgebildet sind. Sie erstellen ein individuelles Übungsprogramm für Ihr Kind.

Wenn ein Kind in die Schule kommt, sollte es exakte Überkreuzbewegungen und auch gleichseitige Bewegungen im Stehen durchführen können.

Wirkung der Gehirnbahnung

- Bestehende Reflexmuster, die hinderlich sind, können aufgelöst werden.

- Die Kriech- und Krabbelphasen können nachgeholt werden.
- Die Nervenbahnen, die von der rechten Körperseite ins linke Gehirn kreuzen, werden verbunden. Ebenso die Bahnen, die von der linken Körperseite ins rechte Gehirn kreuzen.
- Das „Logikgehirn" wird mit dem „Bildgehirn" verknüpft.
- Die Augen können beidäugig schauen und die Ohren beidseitig hören.
- Die beiden Körperhälften können wahrgenommen werden und damit können rechts und links unterschieden werden (Lateralität).
- Buchstaben, z. B. b – d, und Zahlen, z. B. 36–63, werden nicht mehr verwechselt.
- Die Schreibhand prägt sich aus.
- Die „Kulturrichtung" von links nach rechts stabilisiert sich, das Schreiben in Spiegelschrift wird verhindert.

Ich führe diese Gehirnbahnung schon seit 17 Jahren mit kleinen und großen Kindern durch, mit Jugendlichen und Erwachsenen und bin immer noch erstaunt, welche positiven Auswirkungen sie auf das Gehirn, auf das Lernen und das Verhalten hat.

Viele Eltern berichten, dass ihr Kind
- selbstbewusster geworden ist,
- sich besser konzentrieren kann,
- leichter lernt.

> Wie gut das Nervensystem ausgereift ist, wie gut unsere Sinne arbeiten, wie gut die beiden Großhirnhälften zusammenarbeiten und die ständige Wiederholung von gezielten Bewegungen machen unsere Koordination aus.

Teilbereiche der Koordination

Die Handgeschicklichkeit (Feinmotorik)

Teilbereiche der Koordination sind die Auge-Hand-Koordination (Zusammenarbeit von Augen und Händen, z.B. beim Ausschneiden), die Hand-Hand-Koordination (Perlen auffädeln) und die Hand-Fuß-Koordination (klettern, schwimmen, Rad fahren).

Dabei ist die Handgeschicklichkeit, die beispielsweise bei einer Schreibbewegung erforderlich ist, die feinste Koordinationsbewegung des Menschen überhaupt.[43]

Entwicklung der Handgeschicklichkeit

ca. 3. Monat: Augen und Hände können zusammenarbeiten. Das Kind sieht eine Tasse und ergreift sie mit den Händen.

ca. 4. Monat: Hand-Hand-Koordination: Zusammenspiel von beiden Händen, z.B. eine Dose aufschrauben, klatschen

ca. 6–7 Monate: Das Kind hält einen Gegenstand, betrachtet ihn genau, dreht und wendet ihn nach allen Seiten.

ca. 8–9 Monate: Das Kind betrachtet einen Gegenstand, bevor es ihn ergreift.

ca. 10–11 Monate: Es greift eine Perle mit zwei Fingern.

ca. 12–15 Monate: Es baut einen Turm aus zwei Bausteinen.

ca. 18–24 Monate: Es baut einen Turm mit drei Bausteinen, hilft beim An- und Ausziehen.

ca. 2–3 Jahre: Es baut einen Turm aus 6–7 Bausteinen, gießt Milch in eine Tasse, zieht sich teilweise alleine aus.

ca. 3–4 Jahre: Es baut einen Turm aus 9 Bausteinen, kann Knöpfe zumachen.

ca. 4–5 Jahre: Es zeichnet ein Männchen.

ca. 5–6 Jahre: Es malt Bilder aus, zieht sich alleine an.

Das bewusste Greifen führt zum „Begreifen".
Ein Feinmotoriktest

Ein Test zeigt, ob die Feinmotorik schon gut ausgeprägt ist. Er geht folgendermaßen: Das Kind soll mit den Fingern nacheinander den Daumen berühren können (Daumen-Finger-Opposition). Das sollte es mit beiden Händen können und mit offenen und geschlossenen Augen. Diese Geschicklichkeit ist notwendig für das Verständnis der Reihenfolge (Seriation) beim späteren Zählen. Fingerspiele sind eine gute Möglichkeit, die Feinmotorik zu fördern.

Beispiel:

> Hallo Daumen, bist du hier? (Alle Finger bewegen sich.)
> Ich bin da, kommt her zu mir. (Daumen wackelt
> hin und her.)
> Tip, tap, tip, tap. (Die einzelnen Finger berühren nacheinander den Daumen, beginnend mit dem Zeigefinger.)
> Tap, tip, tap, tip. (Dasselbe rückwärts, beginnend mit dem
> kleinen Finger.)

Förderung der Feinmotorik mit kinesiologischen Übungen
Um die Feinmotorik zu trainieren, haben sich einige kinesiologische Übungen bewährt:

Die Schreibacht
Zuerst wird die Schreibacht mit den Fingern im Sand gemacht, im Sandkasten, am Strand oder z. B. auch auf einem Kuchenblech, das mit Vogelsand oder Dekorationssand gefüllt ist. Als Vorübungen dienen Überkreuzbewegungen. Wenn die Überkreuzbewegung mit dem ganzen Körper und die Augenacht gelingen, dann kann das Kind auch die Schreibacht malen. Erfahrungsgemäß ist die Ganzkörperbewegung die Grundlage. Wenn sie gelingt, sind die Augenacht und die Schreibacht leichter ausführbar. Anfangs

kann die Hand des Kindes noch geführt werden. Schwierig ist es für viele Kinder, „über die Kreuzung" zu kommen. Viele weichen der Kreuzung aus. Die Schreibacht ist eine der besten Konzentrationsübungen und fördert optimal das Zusammenspiel der beiden Hände sowie das der Augen und Hände. Die Acht kann mit der rechten Hand, mit der linken Hand und mit beiden Händen gleichzeitig gemalt werden.

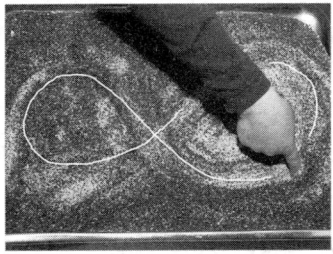 

Schreibacht im Sand   *Schreibacht geführt*

Ein Spruch zur Schreibacht: Sie sprechen, das Kind malt:
    Auf der Achterbahn geht es schnell voran.
    Rauf und runter fahr ich mit,
    Hand und Augen werden fit.

Wenn das Kind sprechen **und** zeichnen kann, dann ist es schon gut koordiniert.

Schreibacht selbstständig

Zeigt Ihr Kind Interesse für Zahlen und möchte es sie auch schreiben, dann bauen Sie die Zahlen in die Schreibbacht ein. Damit zeigen Sie ihm gleich die richtige Schreibrichtung. Auch Buchstaben können so trainiert werden.

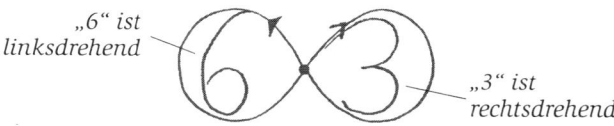

„6" ist linksdrehend

„3" ist rechtsdrehend

Spruch: Wir fahren auf der Achterbahn und sehen uns die Zahlen an.

Übung: Beidhändiges Zeichnen

Das Zeichnen mit beiden Händen ist eine effektive Koordinationsübung.

Ausführung: Es wird gleichzeitig mit beiden Händen gemalt. Dazu gibt es mehrere Möglichkeiten:
– Die rechte Hand malt rechtsherum, die linke Hand malt linksherum.
– Die linke Hand mal rechtsherum, die rechte Hand malt linksherum.
– Die Übung kann im Sand, z. B. auf einem Kuchenblech, gemacht werden, aber auch mit Stiften auf einem Blatt Papier.

Wirkung:
Wenn die rechte Hand malt, wird die linke Gehirnhälfte aktiviert, wenn die linke Hand malt, die rechte. Dabei werden gleichzeitig die Augenbewegungen und die Zusammenarbeit von Augen und Händen trainiert.

Beispiel:
Nach Musik wird ein „Feuerwerk" gemalt: Mit einem Stift in jeder Hand werden Striche nach rechts und links oben,

im Kreis und in alle Richtungen gemalt. Sie stellen die Leuchtraketen dar. Immer wieder werden die Farbstifte gewechselt, damit das Bild ganz bunt wird. Auch Schlangen, Regentropfen, Schmetterlinge, Bäume u. a. können „doppelt gezeichnet" werden.

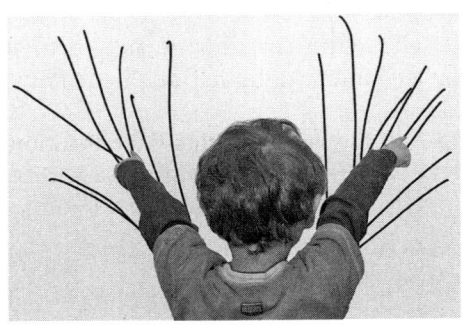

Das Raumbewusstsein

Raumlagewahrnehmung

Die Raumlagewahrnehmung und die Richtungswahrnehmung gehören zur visuellen Wahrnehmung. Ich möchte sie hier gesondert beschreiben, weil beide für mathematisches Denken und das Rechnen besonders wichtig sind.

Wie bereits erwähnt, wissen die meisten Vorschulkinder nicht, wo rechts und links ist. Auch die Unterscheidung von oben und unten, vorne und hinten ist vielen nicht klar.

Wenn ich Kinder in Bauchlage bitte: „Leg deine Hand auf den Bauchnabel!", verlieren viele die Orientierung und legen die Hand auf das Steißbein. Das zeigt mir, dass das Kind Raumlageprobleme hat.

In einer ersten Klasse sagte ich zu den Kindern: „Schlagt bitte das Lesebuch auf der Seite 6 auf, wir fangen links oben zu lesen an!" Viele Kinder wussten nicht, wo „links oben" ist. Ich ging zu ihnen hin und legte ihren Finger auf die Stelle, wo sie beginnen sollten.

Normalerweise wird die Oben-unten-Relation durch die Schwerkraft am klarsten. Wenn ich einen Ball fallen lasse, fällt er immer nach unten.

Die Vorne-hinten-Relation hängt vom Bezugssystem des Körpers ab. Gehe ich in ein Zimmer, steht der Tisch vorne und die Tür ist hinten. Gehe ich aus dem Zimmer, ist es umgekehrt.

Am schwierigsten ist die Rechts-links-Relation, weil das Bezugssystem fehlt. Wenn ein Kind am eigenen Körper nicht weiß, wo rechts und links ist, dann weiß es das auch im Außenraum nicht.

Wenn ein Kind ein sicheres Raumbewusstsein hat, weiß es in jeder Lage (stehend, sitzend, auf dem Bauch oder Rücken liegend), wo oben und unten, vorne und hinten und rechts und links sind.

Entwicklung des Raumbewusstseins

ca. 5–6 Monate: Das Kind nimmt den Abstand eines Gegenstandes von der eigenen Person wahr (Ball–Kind).

ca. 6–7 Monate: Es verfolgt mit den Augen einen rollenden Ball.

ca. 8–9 Monate: Es findet einen versteckten Gegenstand unter einem Tuch.

ca. 10–11 Monate: Beim Krabbeln werden die Entfernungen abgeschätzt.

ca. 15–18 Monate: Es weiß, wohin der Ball rollt, auch wenn er außer Sichtweite ist.

ca. 2–3 Jahre: Die Raumangaben in–auf, über–unter werden verstanden.

ca. 3–4 Jahre: Es begreift die Bedeutung von „rundherum"; umdrehen.

ca. 4–5 Jahre: Es begreift Wörter wie „hinter" und „vor".

ca. 5–6 Jahre: Es begreift, was „mittendrin" bedeutet.

Richtungswahrnehmung

Entwicklung

ca. 2. Woche: Das Kind reagiert auf Reize, die aus einer bestimmten Richtung kommen.

ca. 2–3 Monate: Es verfolgt Gegenstände mit den Augen, dreht den Kopf nach Geräuschen.

ca. 5–6 Monate: Es schaut und greift nach Gegenständen.

ca. 8–9 Monate: Es streckt die Arme nach vorn, will getragen werden.

ca. 10–11 Monate: Es krabbelt gezielt in eine Richtung.

ca. 11–12 Monate: Es zeigt gezielt auf Gegenstände.

ca. 18–24 Monate: Es dreht ein Bild richtig herum.

Symptome, wenn das Raumbewusstsein fehlt:

– Das Kind kann nicht geradeaus laufen. Wenn es z. B. neben der Mutter hergeht, kann es sein, dass es ihr auf die Füße tritt. Beim Malen findet es nicht die richtigen Proportionen (das Haus ist kleiner als das Männchen).

– Schulkinder können die Zeilen beim Schreiben nicht einhalten.

– Beim Rechnen sind vor allem Tausch- und Umkehraufgaben unlösbar, beim Rechnen in Zahlenräumen sind die Kinder verwirrt und verlieren die Orientierung.

– Sie verlaufen sich im Haus.

– Sie können nicht rückwärts laufen.

– Werden Aufgaben umformuliert, kennen sie sich nicht mehr aus.

– Schon in der ersten Klasse gelingt das Umschalten von plus auf minus nicht.

Der „Transfer" gelingt nicht.

Ein Kind lernte beim Sachunterricht, dass ein Handtuch bei Wind schnell trocknet. In der Probe wurde dann gefragt: „Wie trocknet Wäsche schnell?" Das Kind konnte den Zusammenhang „Handtuch – Wäsche" nicht herstellen.

Auch für die folgenden Aufgaben ist eine gute Richtungswahrnehmung wichtig:
- Für das Aufschreiben einer Zahlenreihe hat jedes Element seinen Platz: 1, 2, 3, 4, 5, 6, 7, 8, 9, 10.
- Beim Dividieren steht die Anordnung der Zahlen nebeneinander und untereinander. 430 : 10 =.
- Ohne exaktes Anordnen der Zahlen neben- und untereinander können Rechenvorgänge nicht durchgeführt werden.
- Auch bei geometrischen Aufgaben ist das Raumlagebewusstsein wichtig: „Drehe ein Dreieck so, dass es auf der Spitze steht!" Diese Formveränderung sollte in Gedanken vollzogen werden und später als Bildvorstellung im Gehirn bereitstehen.

Bedeutung für die Mathematik:

Beim Rechnen sind ständig Richtungsänderungen erforderlich, z.B. bei Tauschaufgaben. Dazu ist eine gute Orientierung Voraussetzung.

Fördermöglichkeiten des Raumbewusstseins mit kinesiologischen Übungen

Die Raumlagepunkte
Zur Stabilisierung des Raumbewusstseins haben sich bestimmte Akupressurpunkte aus der Kinesiologie als hilfreich erwiesen.

Balance der „Rechts-links"-Dimension

Übung: Gehirnknöpfe

Ausführung: Mit beiden Händen die Schlüsselbeinknochen von außen nach innen entlangfahren, bis man auf zwei vorstehende Höcker stößt. Schräg außen, unterhalb dieser Höcker, befinden sich rechts und links die Gehirnknöpfe. Einer wird mit dem Daumen, der andere mit Zeige- und Mittelfinger derselben Hand gerubbelt. Die andere Hand berührt den Nabel.

Dauer der Massage: zehn Sekunden bis eine Minute

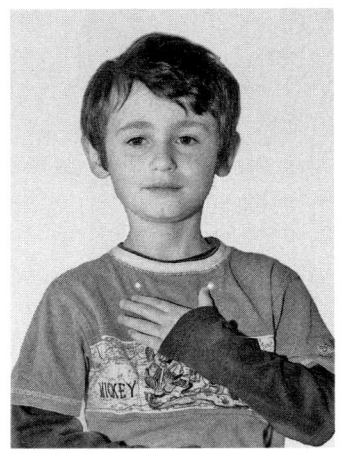

Wirkung:
Es wurde bereits beschrieben, wie mit der Gehirnbahnung (Lateralitätsbahnung) die Rechts-links-Unterscheidung gefördert werden kann. Das Rubbeln der Gehirnknöpfe beseitigt die neurologischen Blockaden im „Balken", der die Gehirnhälften verbindet. Vor allem bei Problemen mit rechts und links, beim Vertauschen von Buchstaben beim Lesen oder Schreiben kann ein positiver Effekt erzielt werden. Die Übung wirkt auch bei jeder Art von Verwirrung, um

dem Gedächtnis wieder auf die Sprünge zu helfen. Für mich ist sie der „Turboschalter" für die Aktivierung des Gehirns!

Falls Sie einmal im Keller stehen und nicht mehr wissen, was Sie holen wollten, oder Ihnen ein Name nicht mehr einfällt, probieren Sie es mal mit den Gehirnknöpfen! Das Gesuchte fällt Ihnen bestimmt wieder ein! Auch vor Überkreuzbewegungen wirkt das Rubbeln der Gehirnknöpfe wie ein „Aufwärmen" des Gehirns.

Balance der „Oben-unten"-Dimension

Übung: Erdpunkte

Ausführung: Eine Hand wird auf den Bauchnabel gelegt, zwei Finger der anderen Hand berühren das Grübchen unter der Unterlippe. Nach zehn bis dreißig Sekunden werden die Hände gewechselt und die Übung wird noch einmal gemacht.

Die Punkte können auch gerubbelt werden.

Wirkung:
Diese Punkte bilden den Anfangs- und Endpunkt des Hauptmeridians.

Beim Halten oder Rubbeln der Erdpunkte wird die Verbindung zwischen Denk- und Gefühlsgehirn hergestellt und der Körper wird zentriert und geerdet. Viele Menschen berühren diese Punkte oft unbewusst, wenn sie sich konzentrieren wollen. Das Halten der Punkte wirkt ausgleichend, das Rubbeln eher aktivierend.

Balance der „Hinten-vorne"-Dimension

Übung: Raumpunkte

Ausführung: Eine Hand wird auf das Steißbein gelegt, die andere Hand berührt mit zwei Fingern die Oberlippe. In dieser Position werden die Punkte etwa zehn bis dreißig Sekunden gehalten oder gerubbelt, danach werden die Hände gewechselt.

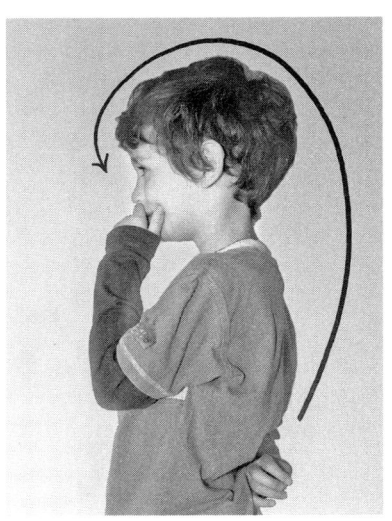

Wirkung:

Diese Raumpunkte liegen am Anfang und Ende des zweiten Hauptmeridians. Sie aktivieren den Fluss der Gehirnflüssigkeit, fördern Konzentration und Aufmerksamkeit und wirken auf das Verständnis beim Rechnen und auch beim Lesen.

Raumlage prüfen

Bei größeren Kindern lasse ich ein abstraktes Muster legen, um zu prüfen, inwiefern die Raumlage schon stabil ist. Manchen Kindern gelingt es sofort, das Muster nachzulegen, andere drehen und wenden die Plättchen und wissen nicht, wie sie anzuordnen sind.[44] Dann sollten Übungen gemacht werden, die das Raumbewusstsein fördern.

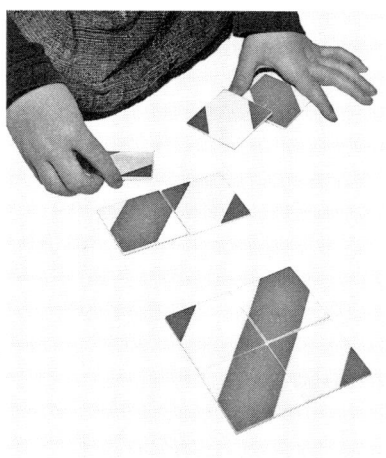

Raum und Bewegung

> Besonders über die Bewegung erfährt das Kind den Raum.

Durch folgende Anweisungen können Raumlage und Raumrichtung trainiert werden:
– „Zieh die Schublade heraus, schieb sie wieder hinein."
– „Strecke die Zunge gerade heraus; zur Seite."
– „Lege die Puppe auf den Tisch."
– „Gehe vor- und rückwärts."
– „Gehe die Treppe hinauf und hinunter."
– „Hüpfe mit beiden Beinen nach vorne, nach hinten, seitlich."
– „Halte den Stab senkrecht, waagerecht, schräg."

Schreibrichtung

Auch beim Malen, Zeichnen und Schreiben können die Raumlage und Raumrichtung spielerisch geübt werden. Vielleicht kennen Sie noch das „Haus vom Nikolaus", das ich als Kind besonders gern gemalt habe. Da kommen viele „Grundstriche" vor, die beim Schreiben von Zahlen und Buchstaben wichtig sind:

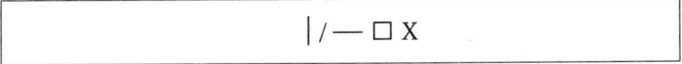

Ausführung:
Es wird ein Haus gezeichnet, ohne mit dem Stift abzusetzen. Dabei wird gesprochen: „Das ist das Haus vom Nikolaus."

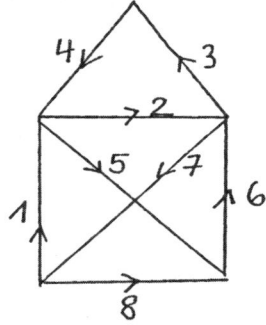

Zeitwahrnehmung

Das kleine Kind lebt im Hier und Jetzt. Es lässt sich nicht auf morgen vertrösten, es will das Spielzeugauto jetzt haben. Ein Kind kann sich nicht vorstellen, dass es einmal dreißig Jahre alt sein wird oder dass die Oma sechzig Jahre alt ist. Der Zeitraum ist noch nicht fassbar.

Erst ganz allmählich bildet sich der Begriff der Zeit heraus. Das Kind lernt, dass unterschiedliche Ereignisse nicht gleichzeitig ablaufen können: Zuerst gibt es etwas zu essen, dann geht es ins Bett zum Schlafen.

Bei der Bildung des Zeitbegriffes sind alle Sinnesbereiche beteiligt.

Stellungs- und Muskelsinn:
– „Du musst noch weit gehen, bis du zu Hause bist."

Raumwahrnehmung:
– „Bis zum Metzger dauert es länger als bis zum Bäcker."

Berührungssinn:
– „Je länger der Weg ist, desto öfter müssen die Füße den Boden berühren."

Sehsinn:
– „Wenn das Auto schnell fährt, sieht es aus, als ob die Bäume vorbeisausen."

Hörsinn:
– „Das Motorrad kommt schnell näher."

Geschmackssinn:
– „Ich kann die Zitrone immer noch schmecken."

Geruchssinn:
– „Hier riecht es nach Kaffee."[45]

Bedeutung für die Mathematik:

> Zuerst – dann – zuletzt
> Zuerst habe ich zwei Äpfel, dann lege ich einen dazu,
> zuletzt habe ich drei.
> $2 + 1 = 3$
> Das ist die Reihenfolge einer Rechenoperation.

Fördermöglichkeiten für den Zeitbegriff
– „Gehe schnell, gehe langsam."
– „Vor dem Mittagessen wäschst du dir die Hände."
– „Nach dem Zähneputzen gehst du ins Bett."
– „Gestern hatte Opa Geburtstag."
– „Morgen fahren wir ins Schwimmbad."
– „Du bist heute drei Jahre alt."
– „Klatsche schnell in die Hände."

Zusammenfassung:
Das sollte ein Vorschulkind können

Bei einem Kind, das in die Schule kommt, sollten die Denkentwicklung, die Bewegungsentwicklung und die soziale Entwicklung ausgereift sein. Die Denkfähigkeit hängt in hohem Maße von der Bewegungsfähigkeit ab. Ein Kind, das sich koordiniert bewegen kann, ist selbstbewusst und kommt auch mit anderen gut klar. Folgende Grundlagen sind dabei wichtig – nicht nur für mathematisches Denken und das Rechnen:

Kann das Kind
– gut sehen und hören,
– sich Gehörtes und Gesehenes merken,
– deutlich sprechen,
– exakte Überkreuzbewegungen (Körperkoordination) ausführen,

- die Augenacht (Augenmuskelkontrolle) ausführen,
- die Schreibacht (Auge-Hand-Koordination) durchführen,
- einen Menschen zeichnen (Handgeschicklichkeit) mit möglichst vielen Details,
- 10 Sekunden auf dem rechten und linken Bein stehen (Gleichgewicht)?
- Weiß es in jeder Körperlage und Körperstellung, wo oben – unten, vorne – hinten und rechts – links ist (Raumorientierung)?
- Kann es vorwärts Fuß vor Fuß gehen und rückwärts Fuß nach Fuß (Richtung ändern)?
- Wird es mit Enttäuschungen fertig?
- Kann es sich in eine Gruppe einfügen?

Sind die entsprechenden Grundlagen vorhanden, können sich die mathematischen Vorläuferfähigkeiten optimal entwickeln.

Teil II

Kognitive Grundlagen und Fördermöglichkeiten

1 + 1 = Mathe ist ein Kinderspiel

Florian will auch einen großen Stuhl haben

Letzten Sommer hörte ich ein Gespräch zwischen Mutter und Kind. Florian, zweieinhalb Jahre, war mit seiner Mutter bei den Großeltern zu Besuch. Auf der Terrasse meiner Nachbarn deckten die beiden gemeinsam den Kaffeetisch. Florian rückte die Stühle ganz nahe an den Tisch.

Florian: „Ich will auch einen großen Stuhl!"
Mutter: „Das geht nicht."
Florian: „Warum?"
Mutter: „Weil wir so viele Leute sind."
Florian: „Warum?"
Mutter: „Weil da nur fünf große Stühle sind und für dich dein Kinderstuhl."
Florian: „Warum?"
Mutter: „Für Oma und Opa brauchen wir diese zwei Stühle und für Mama und Papa sind diese zwei und der fünfte hier ist für Sven. Siehst du, und für dich ist dein Kinderstuhl."
Florian: „Wir brauchen alle."
Mutter: „Genau, wir brauchen alle Stühle, für jeden einen."

Hier wird deutlich, wie im normalen Alltag mathematische Begriffe und mathematisches Denken angeregt werden können. Die Absicht war dabei sicherlich nicht, das Kind im mathematischen Bereich zu fördern, sondern eher, dass Florian an alltäglichen Aufgaben beteiligt wird – Kinder wollen an der Welt teilhaben und dazugehören. Gleichzeitig ging diese Mutter aber selbstverständlich auf die Fragen und das Interesse ihres Kindes ein und schuf damit eine Situation, in der Lernen stattfinden kann, verknüpft mit dem Gefühl des Ernst-genommen-Werdens und des Dazugehörens.

Lassen Sie Ihr Kind teilhaben an Ihrem alltäglichen Tun. Es gibt zahlreiche Möglichkeiten, alltägliche Handlungen in spielerische Fördermöglichkeiten umzuwandeln.

Dieser spielerische Zugang zur Mathematik, das gemeinsame, lustbetonte und selbstverständliche Lernen und Üben sollten Sie Ihrem Kind schon weit vor dem Schulbeginn ermöglichen. Konkrete Altersangaben sind hier überflüssig, denn Kinder zeigen deutlich ihr Interesse an Inhalten durch ihr begeistertes Mitmachen und ihre verbalen Äußerungen. Als Erwachsener sollten Sie sensibel und aufmerksam auf Ihr Kind reagieren (wie die Mutter von Florian) und immer wieder Angebote machen und Alltagssituationen nutzen.

Auf die gleiche Weise können Sie Ihr Kind auch noch im Schulalter begleiten und ihm die Möglichkeiten der „Mathematik im Alltag" aufzeigen und verdeutlichen. Es ist nie zu früh und selten zu spät. Ihr Kind wird Ihnen deutlich zeigen, welche Themen und Inhalte gerade jetzt für seine Entwicklung und seinen Bildungshunger aktuell sind. Erwachsene sind hier Begleiter, die Wege zur Bildung öffnen.

Mathematik im Alltag

Mathematik: ein Ordnungsprinzip

Mathematik begegnet uns überall. Angefangen mit dem Wecker, der uns zu einer bestimmten Uhrzeit – angegeben als Zahl – zum Aufstehen bewegen soll. Wir teilen unseren Tag, unsere Woche ein, schaffen uns einen Überblick, was wir der Reihe nach erledigen müssen, überlegen, was davor kommt und was danach. Wenn Kinder geboren werden, zählen manche Eltern die Finger und Zehen des Neugeborenen, um sich dann beruhigt und glücklich über ihr gesundes Kind zu freuen. Das alles gibt einem das beruhigende Gefühl von Ordnung – ein positives Gefühl. Und darum geht es auch hier: dem Kind positive Gefühle beim Umgang mit Mathematik zu ermöglichen und ihm diese Gefühle zu lassen.

Die Welt, unser Lebensumfeld, wird mit Hilfe der Mathematik geordnet. In seiner Umgebung findet man sich zurecht, indem man systematisch ordnet, das heißt, die Welt mit Hilfe von mathematischen Erkenntnissen und Grundbegriffen zu beschreiben und zu verstehen sucht. „Ihr Kind ist neugierig, wissbegierig. Es will das Leben und die Welt begreifen."[46]

Als Motivation für die kognitive Entwicklung nennt Jean Piaget (ein Schweizer Psychologe, 1896–1980) das Herstellen eines Gleichgewichts zwischen Kind und Welt. Im Zuge ihrer kognitiven Entwicklung haben Kinder Interesse an mathematischen Themen. Dies entspricht ihrer lebendigen Neugier und ihrem natürlichen Entdeckungsdrang, der schon lange vor dem Schuleintritt vorhanden ist. Erwachsene bringen Mathematik meist sofort mit ihren Erfahrungen im Mathematikunterricht ihrer Schulzeit in Zusammenhang. Diese oft negative „Mathematikbiografie" verhindert häufig, den eigenen Kindern auf unvoreingenommene Weise Zugang auch zu diesem Entwicklungsbereich zu bieten, auf gezeigtes Interesse einzugehen oder gar Interesse zu wecken. Doch Begabung kann sich immer dort am besten entwickeln, wo Kinder Gelegenheit bekommen, ihren Interessen und ihrem (Er-)Forscherdrang nachzugehen, und dabei noch Unterstützung von ihnen wohlgesinnten Personen erhalten.

Wir erinnern uns an die Geschichte von Florian und seiner Mutter, die uns zeigt, wie natürlich mathematische Bildung im Lebensalltag stattfindet, wenn Eltern das Interesse und die Neugier ihres Kindes wahrnehmen und darauf eingehen. Florian erwirbt hier nicht nur Wissen über Zahlwörter (fünf, zwei), sondern lernt auch Vergleichen (großer Stuhl – Kinderstuhl) und die Eins-zu-eins-Zuordnung (für jede Person gibt es einen Stuhl). Gleichzeitig macht der Junge auch Erfahrungen mit Mengen (viele, alle) und mit mathematischen Begriffen, wie zum Beispiel der ordnende Aspekt von Zahlen (der Fünfte).

Mathematik ist Teil der Lebenswelt unserer Kinder

„Wieso muss ich das überhaupt lernen? Das brauche ich doch bestimmt nie wieder im Leben?" Wie oft haben wir uns diese Fragen gestellt, während wir mit dem Mathebuch die Schulbank drückten. Weswegen ist Mathematik so wichtig? „Mathematische Bildung erlangt in der heutigen Wissensgesellschaft zentrale Bedeutung. Ohne mathematisches Grundverständnis ist ein Zurechtkommen im Alltag nicht möglich. Mathematisches Denken ist Basis für lebenslanges Lernen sowie Grundlage für Erkenntnisse in fast jeder Wissenschaft, der Technik und der Wirtschaft."[47]

Bei der frühen Förderung im Bereich der mathematischen Bildung geht es nicht um die Vorverlegung von schulischen Inhalten und einen Lehrplan für eine Art Vorschul-Mathematikunterricht. Vielmehr geht es um die Vermittlung mathematischer Grunderfahrungen. Das Kind soll vor allem durch Selbsttätigkeit neue Zugänge entdecken. Konkrete Handlungen und der Einsatz der verschiedensten Sinne machen Mathematik für Kinder spielerisch und im eigenen Erleben als bedeutsame und selbstwirksame Welteroberung deutlich. Der Erwachsene begleitet diesen Prozess, gibt Impulse und stellt Material und Raum bereit. So wie Eltern ihrem Kind die beste Nahrung für körperliche Gesundheit und eine gute Entwicklung anbieten, sollte es in gleichem Maße auch Zugriff auf die richtige „Nahrung" für seine psychische Gesundheit und seine kognitive Entwicklung haben.

Kinder kennen Zahlen durch Spiele, können oft schon früh zählen (z. B. die Kerzen auf dem Geburtstagskuchen), erkennen Mengen (z. B. das Würfelbild), bilden Paare (z. B.

welche Schuhe, welche Socken zusammengehören), bilden Gruppen und sortieren (z. B. unterscheiden sie verschiedene Bausteine). Dies geschieht auch ohne mathematische Lernprogramme, einfach durch das Zulassen von mathematischen Erfahrungen. Sie können Ihr Kind in diesem Bereich fördern. Dazu benötigen Sie kein didaktisches Material, sondern vor allem eine aufmerksame Wahrnehmung der Interessen Ihres Kindes und ein Bewusstsein für mathematische Anreize in alltäglichen Situationen mit Ihrem Kind.

Das ganze Kind lernt

„Das ganze Kind lernt" bedeutet, durch unterschiedliche Angebote und Lernanreize das Kind und seine gesamte Entwicklung zu unterstützen und zu fördern. Mathematische Basiskompetenz bedeutet ganzheitliches Lernen. Dies geht einher mit der Förderung der Wahrnehmung, mit dem Zusammenspiel aller Sinneseindrücke und der Möglichkeit der Bewegung. Durch das Ordnen von Informationen aus der Umwelt und der damit verbundenen physischen und psychischen Empfindungen kann der einzelne Mensch seinen Platz in der Welt finden. Das Kind lernt selbsttätig mit allen Sinnen und verknüpft dabei auch Gefühle und bisherige Erfahrungen.

Meine Tochter Elena bewies mir dies im Alter von 18 Monaten sehr deutlich:

Elena kam freudestrahlend aus der Küche zu mir ins Wohnzimmer und zeigte mir eine Tetrapackung Milch, die sie umgekehrt in der Hand hielt und schüttelte. „Leer, alles leer", berichtete sie sehr stolz. Entsetzt musste ich feststellen, dass sie vollkommen recht hatte: Die Milchpackung war völlig leer, der Küchenboden dagegen war „voll", denn hier hatte sie fast einen Liter Milch ausgegossen, um selbst die wichtige Erfahrung von „leer" machen zu können.

Heute denke ich mit einem Lächeln an diese selbsttätige mathematische Erfahrung meiner kleinen Tochter zurück; seinerzeit allerdings habe ich ihr aber sehr deutlich erklärt, dass sie Milch nicht auf den Fußboden schütten darf – denn das ist mein Verständnis von Ordnung.

Mathematik lernt man miteinander

Das Erlernen von Mathematik vollzieht sich von konkreten Handlungen an konkretem Material über einen steten Verinnerlichungsprozess hin zum mathematischen Denken. Dabei geht es immer auch darum, Sachverhalte, Begriffe und Regeln sprachlich zu erfassen und zu artikulieren.[48] Das verlangt Interaktion, eine Wechselwirkung zwischen verschiedenen Akteuren. Es ist wichtig, nicht das Kind mit „lehrreichem" Material sich selbst zu überlassen (und damit sind nicht nur pädagogisch wertvolle Computerspiele gemeint), sondern gemeinsame Aktivitäten im Alltag zu nutzen, die eine emotionale Verbundenheit durch gemeinsames Tun und Miteinander-Reden als bereichernde Erfahrung für alle Beteiligten ermöglichen.

Das Bewusstmachen von mathematischen Handlungen und Inhalten, das „Darüber-Reden" als kommunikativer Austausch sind Voraussetzungen, um dem Kind den Zugang zur Mathematik zu ermöglichen. Mathematische Begabung ist nicht als Veranlagung oder naturgegebenes Talent abzutun, sondern als erlernbare und vor allem förderfähige Fähigkeit zum analytischen Denken zu verstehen. Wir wissen heute, dass die Annahme „Mädchen können kein Mathe" falsch ist. Aber dadurch wurde Generationen von Frauen der Zugang zu dieser Art geistiger Bildung verwehrt. Schade wäre es heute für jedes Kind, es durch falsch verstandene „Schonung" in ähnlicher Weise einzuschränken. Fördern bedeutet immer auch Fordern, wobei Unter- und auch Überforderung als gleich schädlich zu verstehen sind. Dem Kind mathematisch bedeutsame Situationen zu eröffnen und vor allem mit Freude und Lust seine Erfahrungen zuzulassen und zu begleiten, ist Aufgabe einer ganzheitlich fördernden Erziehung.

Kathrin, fünf Jahre alt, will ihr Zimmer verschönern. Sie hat eigens ihre Katze fotografiert und diese Fotos sollen jetzt in ihrem Zimmer an die Wand gehängt werden. Kathrin wählt die vier schönsten Bilder aus, dann kauft sie mit ihrem Papa zwei dunkelblaue und zwei hellblaue Bilderrahmen – für jedes Bild einen Rahmen. Zuvor müssen sie zu Hause noch ausmessen, wie groß die Rahmen sein müssen. Im Geschäft vergleicht Kathrin die aufgeschriebenen Maße mit den angebotenen Größen der blauen Rahmen – die anderen Farben kommen nicht in Frage, schließlich ist Blau ihre Lieblingsfarbe. Beim Vergleichen ist Kathrin froh, dass ihr Papa ihr dabei hilft, denn so gut lesen kann sie ja noch nicht. Aber sie sortiert selbstständig die Bilderrahmen nach Farben und bildet verschiedene Gruppen von für sie brauchbaren und nicht brauchbaren Rahmen. Wieder zu Hause werden die Bilder in die Rahmen eingepasst. Für jedes Bild holen Kathrin und ihr Vater einen Nagel aus dem Keller, insgesamt also vier Nägel. Der Vater erklärt Kathrin, dass die Nägel nicht zu kurz sein dürfen, da sie zur einen Hälfte in die Wand müssen und eine Hälfte herausschauen soll. An der Wand messen die beiden genau aus, wo die Bilder aufgehängt werden sollen, und kennzeichnen mit einem Bleistift die richtige Stelle für die Nägel. Kathrin reicht dann ihrem Papa den jeweiligen Nagel, damit der ihn mit dem Hammer in die Wand schlägt. Kathrin hängt ihre Bilder auf – jetzt ist das Zimmer aber schön!

Lernen soll immer wieder Freude machen

„Alles, was beim Lernen Freude macht, unterstützt das Gedächtnis."[49] Renommierte Hirnforscher und Neurodidaktiker bestätigen diese Aussage. Intensive Gefühle verstärken die Aufmerksamkeit und damit die Verknüpfungen und Vernetzungen im Gehirn, sodass nachhaltiges Lernen stattfinden kann. Gekoppelt an positive Emotionen werden Informationen abrufbar gespeichert. Das bedeutet, das Kind soll Spaß und Freude beim Erwerb von neuen Erfahrungen haben.

Genauso sollen Kinder auch die Gelegenheit haben, ihr erworbenes Wissen und ihre erlernten Fähigkeiten anzuwenden und zu üben, bis dieses neue Wissen gefestigt ist. Alles, was ihnen gefällt, möchten Kinder wieder und immer wieder wiederholen. Auch heutiges Wissen zur Merkfähigkeit als Funktion des Gedächtnisses bestätigt das alte Sprichwort „Übung macht den Meister". Also lassen Sie doch Ihr Kind „Meister seiner Entwicklung" werden und sorgen Sie für zahlreiche Situationen, in denen Ihr Kind mit Freude lernt und Gelerntes übt.

„Lausen"

„Lausen" ist ein altes Spiel, das auch heute noch mit großem Spaß von Kindern im Vorschulalter bis weit ins Schulalter hinein gespielt wird.

Dazu werden nur drei Zahlwürfel, ein Blatt Papier und ein Stift oder eine Tafel mit Kreide benötigt.

Das Ziel ist, als Erster seine Laus fertig gemalt und dann wieder „weggeputzt" zu haben.

Es wird eine Liste angelegt mit einer Querspalte für jeden Spieler und einer Längsspalte für jede „Lauszahl", die es zu erwürfeln gilt. Mit der „Laus Eins" wird angefangen. Wer beginnt, entscheidet die höchste gewürfelte Zahl mit einem Würfel, oder der jüngste Spieler darf beginnen. Beim Spiel wird reihum mit drei Würfeln gleichzeitig gewürfelt. Jede gewürfelte „Eins" bedeutet, dass man seiner Laus jeweils ein Körperteil malen darf (Kopf, Bauch, Schwanz, je eines der sechs Beine und ein Häubchen) und nochmals würfeln darf. Für das Häubchen müssen zwei Einsen gleichzeitig gewürfelt werden. Die Laus ist erst fertig, wenn alle Teile erwürfelt wurden. Um den Sieg noch hinauszuzögern, kann jetzt auf die gleiche Weise die Laus wieder „weggeputzt" (ausgestrichen) werden.

Für ältere Kinder können die Spielregeln noch erweitert werden: Drei gleiche, auf einmal gewürfelte Zahlen bedeuten ein „Kleines Läuschen" und zählen so viel wie eine „Eins". Drei gleichzeitig gewürfelte Einsen sind in der „Laus Eins"-Runde die „Große Laus" und damit kann die ganze Laus fertig gemalt werden oder eben ganz „weggeputzt" werden.

Der erste Durchgang ist die „Laus Eins", der zweite die „Laus Zwei"; hier müssen also Zweier gewürfelt werden. Der dritte Durchgang ist die „Laus Drei", dann die „Laus Vier", die „Laus Fünf" und zum Schluss die „Laus Sechs".

	Mama	Papa ✳	Kathrin ✳ ✳	Elena ✳ ✳ ✳
1				
2				
3				
4				
5				
6				

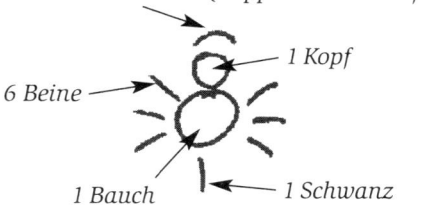

1 Häubchen (doppelte Zahl würfeln)

1 Kopf

6 Beine

1 Bauch

1 Schwanz

Alle beschriebenen Fördermöglichkeiten können Sie nicht nur mit einem Kind, sondern ebenso mit mehreren Kindern durchführen. Gleichzeitig sind die Spielvorschläge für mehrere Kinder und Gruppen, zum Beispiel für Geschwister, Kinderbesuche oder als Ideen für den Kindergeburtstag gedacht.

Mathematische Vorläuferfähigkeiten

Pränumerische Fähigkeiten

Für die Entwicklung des Zahlbegriffs sind grundlegende Fähigkeiten die Voraussetzung. Diese sogenannten mathematischen Vorläuferfähigkeiten, die als Zugang zur mathematischen Bildung gesehen werden müssen, sind im Elternhaus und in Alltagssituationen spielerisch zu fördern.

Das Vergleichen und die Klassifizierung von einzelnen Objekten zählen genauso zu den Vorläuferfähigkeiten wie die Herstellung von bestimmten Reihenfolgen (Seriation) und Eins-zu-eins-Zuordnungen. Bevor Kinder sich die Welt der Zahlen und ihre Bedeutung erobern, müssen sie genügend Gelegenheiten haben, sich mit diesen mathematischen Grundoperationen auseinander setzen zu können. Hier haben Sie als Eltern hilfreiche Fördermöglichkeiten. Genaue Altersangaben werden im Folgenden absichtlich vermieden, denn jede Entwicklung verläuft individuell. Aber als aufmerksame Eltern werden Sie gemeinsam mit Ihrem Kind jeden Entwicklungsschritt als Gewinn erfahren.

Schon weit vor der Schule ist das Kind fähig, Ähnlichkeiten zwischen Objekten zu erkennen und sie Klassen zuzuordnen. Darauf aufbauend bildet es eine Vorstellung von Mengen und Größen, entwickelt sein räumliches Denken und geometrische Vorstellungen. Die Untersuchungen und die daraus gewonnenen Erkenntnisse des bekannten

Schweizer Psychologen Jean Piaget machen deutlich, dass die Entwicklung der logisch-mathematischen Intelligenz schon in früher Kindheit beginnt. „Er stellte fest, dass die Einsicht in die Mengeninvarianz (d. h. zu erkennen, dass sich Aussagen wie ‚mehr als‘ oder ‚weniger als‘ auf die Anzahl der Elemente in einer Menge beziehen und nicht auf die räumliche Ausdehnung) eine Minimalvoraussetzung darstellt. Die Analyse des Verhaltens der Kinder zeigte darüber hinaus, dass die Entwicklung des Zahlbegriffs auf einer komplexen Synthese von Fähigkeiten beruht."[50]

Der Erwerb mathematischer Fähigkeiten ist ein Entwicklungsprozess, der lange vor dem Mathematikunterricht in der Schule beginnt. Für das Lösen von Aufgaben aus dem numerischen Bereich benötigt ein Kind verschiedene Fähigkeiten, die man auch den „frühen Zahlbegriff" nennt. Dieses Konstrukt wird im Osnabrücker Test zur Zahlbegriffsentwicklung bei Kindern im Vorschulalter sowie bei Schulanfängern überprüft.[51]

Die nachfolgend beschriebenen Vorläuferfähigkeiten sind hauptsächlich an den Begriffen des Osnabrücker Tests zur Zahlbegriffsentwicklung (OTZ) orientiert.

Vergleichen

Vergleichen als frühe mathematische Kompetenz können Sie bei Ihrem Kind bestimmt schon beobachten. Für den Vergleich von Merkmalen bei Objekten werden Begriffe gebraucht, die Unterschiede oder auch Gemeinsamkeiten ausdrücken. „Mehr", „weniger", „höher", „niedriger", „die meisten", „am kürzesten", „größer", „kleiner", „gleich viel" drücken mathematische Ordnungsbegriffe und Zusammenhänge aus. Schaffen Sie Situationen, in denen Sie mit Ihrem Kind bewusst Vergleiche anstellen: Ist die Musik lauter oder leiser, wenn Sie oder Ihr Kind den Knopf am Radio nach links oder nach rechts drehen? Können Sie laut und leise sprechen? Kann Ihr Kind das hören? Kann Ihr

Kind auch ganz leise und ganz laut sprechen? Machen Sie doch gemeinsam ein Spiel daraus: Wir flüstern jetzt ganz leise, den nächsten Satz etwas lauter usw.

Sind alle Löffel in der Besteckschublade gleich groß? Räumen Sie gemeinsam die Spülmaschine aus und Ihr Kind kann das Besteck in die Schublade einsortieren.

Sind alle Bilderbücher Ihres Kindes gleich groß, von gleicher Farbe, gibt es Unterschiede beim Papier, bei den Zeichnungen, bei der Schrift? Betrachten und vergleichen Sie zuerst die Bücher, danach entscheiden Sie und Ihr Kind, nach welchem Ordnungssystem die Bücher in das Regal eingeräumt werden. Sind alle Gläser im Schrank gleich? Welche Unterschiede gibt es zu sehen, welche zu fühlen? Vielleicht gibt es sogar Geschichten zu manchen Gläsern: „Diese Gläser haben wir von der Oma geschenkt bekommen." – „Diese Gläser habe ich zu meiner Konfirmation von Tante Jutta bekommen."

Sind auf der Straße alle Autos gleich? Was ist verschieden? Schmeckt das Schokoladeneis überall gleich gut? Hat Wasser immer die gleiche Farbe? Scheint die Sonne jeden Tag gleich hell?

Hier ergeben sich Fragen, denen Sie mit Ihrem Kind gemeinsam nachgehen sollten. Neues Wissen für alle ist dabei garantiert!

Gruppen bilden (Klassifizieren)

Hat Ihr Kind verschiedene Objekte verglichen, liegt der nächste Schritt sehr nahe – das Klassifizieren. Das bedeutet, nach Klassen oder Gruppen zu ordnen. Die Überprüfung gewisser Kriterien nach Übereinstimmung ist die Voraussetzung dafür, Objekte zu einer Klasse zusammenzufassen.

Was gehört zusammen? Ganz natürlich stellt sich diese Frage beim Aufräumen. Mit Ihrem Kind gemeinsam können Sie sortieren und ordnen und gleichzeitig aufräumen. Mathematik bedeutet ja, Ordnung zu schaffen. Räumen Sie gemeinsam mit Ihrem Kind die Spülmaschine ein und aus: Wo gehört das Besteck hin, wohin gehören die Teller? Sortieren Sie gemeinsam die Wäsche, bilden Sie mit Ihrem Kind zusammen Wäschestapel, bevor diese in den Schränken verstaut werden. Was gehört alles ins Gewürzregal? Der Werkzeugkasten gehört wieder einmal neu eingeräumt: Welches Werkzeug hat welchen Namen und welche Oberbegriffe? Was sind Nägel? Was sind Schrauben? Der Haushalt ist ein unerschöpfliches Feld für diesen Bereich. Natürlich kann auch beim Aufräumen des Kinderzimmers dieser mathematische Bereich bewusst gemacht werden. Welche Bausteine kommen in diese Kiste? Was wird alles in die Verkleidungskiste geräumt? Alle Bücher werden ins Regal geordnet!

Dies als mathematisches Spiel zu begreifen, kann aus einer unbeliebten Aktion einen gemeinsamen Spaß mit Fördereffekt werden lassen.

Reihenfolge (Seriation)

Die Anordnung von Objekten nach gewissen Kriterien und das Ordnen innerhalb einer Gruppe in eine bestimmte Reihenfolge ist eine weitere Vorläuferfähigkeit der mathematischen Bildung. Hierbei geht es um eine weitere kognitive Leistung, die eine Herausforderung bedeutet, aber nach gelungener Anstrengung ein hohes Gefühl von Zufriedenheit durch systematische Ordnung auslöst.

Ihr Kind soll bestimmte Objekte nach Größe oder Farbe in einer bestimmten Reihenfolge anordnen. Zum Beispiel Bausteine von groß nach klein oder Gewürze von hell nach dunkel. Verschiedene Perlen können in einer sich wiederholenden Reihenfolge als Kette aufgefädelt werden. Auch hierbei sind weder Ihrer Fantasie noch dem Einfallsreichtum Ihres Kindes Grenzen gesetzt. Nutzen Sie doch gemeinsam den nächsten Waldspaziergang zum Sammeln und Vergleichen von Blättern, Nüssen, Früchten, Steinen, Ästen usw., zum Sortieren dieser „Schätze" in Gruppen und zum Bilden von Reihenfolgen.

Oder Sie und Ihr Kind waren gemeinsam einkaufen: Zu Hause werden die Waren sortiert und aufgeräumt, dabei werden manche Lebensmittel anhand ihres Verfallsdatums im Kühlschrank oder im Vorratsschrank in einer bestimmten Reihenfolge eingeräumt.

Eins-zu-eins-Zuordnung

Jedem Objekt wird jeweils eine „Sache" zugeteilt. Erste Erfahrungen mit dem Vergleich zur Mächtigkeit von Mengen werden hier gemacht. Dies bedeutet, die Erkenntnis zu erwerben, was in unserer Kultur „zählen" und „die Anzahl feststellen" bedeuten: dass jede Zahl einem Objekt zugeordnet wird und dadurch die Anzahl (Mächtigkeit) bestimmt wird.

Hierbei können Sie Ihrem Kind schon viel Verantwortung übertragen. Das Kind wird nicht einfach für Hilfsdienste abkommandiert, sondern es handelt selbsttätig und verantwortlich. Zum Beispiel beim Tischdecken: Zu jedem Teller wird auf die rechte Seite ein Messer gelegt, unter jede Tasse wird eine Untertasse gestellt und dazu ein kleiner Löffel rechts oben daraufgelegt, zu jedem Gedeck wird eine gefaltete Serviette auf den Dessertteller gelegt usw. Hier wird ganz deutlich, dass gleichzeitig viele Bereiche gefördert werden: Sprache, Wahrnehmung, Selbstständigkeit, um nur einige zu nennen. Jeder bekommt in der Garderobe einen bestimmten Garderobenhaken zugeteilt. Ihr Kind ist nun „Chef" der Garderobe und achtet darauf, dass jeder seine Jacke auch immer an seinen eigenen Haken hängt. Für jedes Familienmitglied gibt es eine eigene Eintrittskarte beim Tiergartenbesuch, Ihr Kind darf die Karten aufbewahren und an der Pforte den Geschwistern und Eltern austeilen.

Auch hier gibt es unzählig viele Gelegenheiten, Ihr Kind die Eins-zu-eins-Zuordnung üben zu lassen. Suchen Sie gemeinsam mit Ihrem Kind Möglichkeiten und Situationen, bei denen Ihr Kind bereitwillig diese Verantwortung übernehmen will. Ihr Kind und auch Sie werden stolz auf seine Leistung sein!

Zahlwörter und Zählen

Kinder haben Spaß an Zahlwörtern. Dabei ist der erste Entwicklungsschritt das Nachsprechen und das Merken von einzelnen Zahlwörtern. Hierzu brauchen Kinder Vorbilder in ihrer Umwelt. Zahlen und Zahlwörter gehören zu unserem täglichen Leben und sollten auch für unsere Kinder selbstverständlich dazugehören. Der Bedeutungsinhalt (die Mächtigkeit einer Zahl) sowie der Anwendungsbereich für Zahlen erschließen sich den Kindern dabei erst später.

Unterstützen Sie aber diese wichtige Phase der Entwicklung des Zählens, indem Sie die Aufmerksamkeit Ihres Kindes auch auf Zahlen lenken. Benennen des Lebensalters der Familienmitglieder, Hausnummern, Telefonnummern, Seitenzahlen in Büchern, Fingerspiele und Reime sind wunderbare, spielerische Beschäftigungen, um Ihrem Kind die Zahlenwelt zu eröffnen.

Die Kinder zählen „eins – zwei – vierundzwanzig – siebzehn – viele" und freuen sich, dass sie etwas können. Dies ist eine neue Eroberung, auf die sie zu Recht stolz sind. Auch wenn die Kinder die Zahlwörter in der richtigen Reihenfolge aufsagen können (Kinder können dies auswendig lernen, wie ein Gedicht), spricht man noch vom asynchronen Zählen. Die Anordnung ist nur auf Auswendiglernen und die Merkfähigkeit des Kindes zurückzuführen, da die Kinder den Bezug zwischen einzelnen Objekten, deren Stellenwert und den genannten Zahlwörtern noch nicht herstellen können.

Von synchronem Zählen spricht man erst, wenn diese Beziehung und die damit verbundene Bedeutung der einzel-

nen Zahlwörter vom Kind erkannt und angewandt werden können. Dies erfordert eine hohe kognitive Leistung und das Zusammenspiel vieler Sinne. Anfangs ist es für das Kind notwendig, die entsprechenden Gegenstände beim Zählen zu berühren. Hilfreich ist auch, zum Beispiel jeden gezählten Stift in die Hand zu nehmen und auf die Seite zu legen.

Den nächsten Schritt dieser Entwicklung bildet das „Darauf-Deuten" mit dem Zeigefinger. Das Kind verinnerlicht die Vorstellung des Objekts, ohne die direkte Berührung zu benötigen. Diese Entwicklung ist auch im Schulalter nicht abgeschlossen, deshalb brauchen die Kinder auch in der Schule noch des Öfteren ihre Finger beim Abzählen. Doch nicht nur das Abzählen macht den Kindern schon vor der Schule Freude, sondern auch das „Vorwärtszählen" und das „Rückwärtszählen". Einige Kinder beherrschen auch schon das „flexible Zählen", das heißt, sie zählen in einer beliebig begonnenen Reihenfolge weiter; zum

Beispiel können sie mit der Vier beginnen und zählen weiter bis zur Zehn. Oft kennen die Kinder das Würfelbild, erfassen die Mengenzahl dabei mit einem Blick (simultane Mengenerfassung) und können in richtiger Reihenfolge weiterzählen. Sie sehen schon: Förderlich sind in diesem Bereich viele Brettspiele mit Würfeln und Abzählen als Spielauftrag. Natürlich ergeben sich im normalen Zusammenleben viele Situationen, in denen Ihr Kind sein Zahlenwissen anwenden und erweitern kann. Zählen Sie gemeinsam die Teller auf dem gedeckten Tisch, die Äpfel in der Obstschale, die Blumen in der Vase.

Das resultative Zählen ist oft vom synchronen Zählen nicht oder kaum zu unterscheiden. Der Übergang zwischen den einzelnen Phasen ist fließend. Nicht nur die richtige Anordnung der Zahlenreihe (synchrones Zählen), sondern auch das Ergebnis einer Zahlenreihe (resultatives Zählen) sind dem Kind jetzt bewusst. Erfasst das Kind nach dem reinen Abzählen (1, 2, 3, 4, 5 Gläser) auch die Gesamtzahl (fünf) der bereitgestellten Gläser, so hat es bereits die Entwicklungsstufe des resultativen Zählens erreicht. Es kann jetzt nicht nur richtig abzählen, sondern weiß auch, dass insgesamt fünf Gläser auf dem Tisch stehen. Beim resultativen Zählen weiß das Kind zum einen, dass die Zahlenreihe mit der Eins beginnt und diese Zahl das Objekt an der ersten Stelle benennt, zum anderen, dass die zuletzt genannte Zahl die Anzahl der Gegenstände benennt.

Die Anlässe zur Übung sind vielfältig: Sind für alle Familienmitglieder genügend Handtücher im Bad aufgehängt? Hier stellt das Kind einen Mengenvergleich an: Fünf Familienmitglieder – fünf Handtücher müssen aufgehängt werden. Lassen Sie Ihr Kind für das nächste Familien-Sonntagsfrühstück Tischkarten für jedes Familienmitglied malen oder schreiben. Dem Kind wird deutlich, dass jeder Person eine Karte zugeordnet wird: Wir sind fünf Personen beim Frühstück, also brauche ich fünf Karten, ich muss überprüfen (nachzählen), ob ich genügend Karten gebastelt habe. Dies bahnt das Verständnis für die Zuordnung von bestimmten Objekten zu der jeweils dazugehörigen Zahl.

„Eins, zwei, drei" – es sind drei Autos auf dem Parkplatz. Nutzen Sie auch hier wieder Situationen des Alltags, in denen Ihr Kind dies anwenden und üben kann. Überprüfen Sie anhand von Listen, ob die benötigte Anzahl stimmt. Beim Backen oder Kochen eignen sich hierzu wunderbar die verwendeten Rezepte: Fünf Eier stehen im Rezept – haben wir auch wirklich fünf Eier bereitgelegt?

Anwenden von Zahlwissen

Das Kind löst einfache Rechenaufgaben. Ihr Kind kann addieren und subtrahieren, doch ist der Weg vom konkreten zum abstrakten Operieren noch lang und vielfältig.

Zuerst braucht Ihr Kind noch konkrete Gegenstände zum Rechnen: „Auf dem Boden sind zwei Matchboxautos und ich stelle jetzt noch eines dazu. Wie viele sind es jetzt?" – „Hier liegen fünf Karotten. Zwei schneide ich jetzt in den Salat. Wie viele liegen noch da?" – „In der Obstschale liegen noch drei Äpfel. Du isst gerade einen Apfel. Wie viele lagen also vorher in der Schale?" – „Gestern habe ich drei Pullis in die Wäsche getan, heute kommt noch einer dazu. Wie viele liegen dann im Wäschekorb?"

Das Vorstellen der Gegenstände, ohne dass diese tatsächlich vorhanden sind, verläuft – wie jede andere Entwicklung auch – in einzelnen, nicht voraussagbaren Schritten oder Stufen. Denken Sie an das Laufenlernen: Manche Kinder laufen früher, manche etwas später, manche krabbeln ausgiebig, bei manchen Kindern kann diese Stufe nicht beobachtet werden, manche krabbeln erst, wenn sie schon laufen können.

Sie sehen also schon: Alle Erfahrungen, die Sie mit Ihrem Kind machen, sind einzigartig, und Sie können jederzeit Ihr Kind in seiner Entwicklung unterstützen, ohne den individuellen Entwicklungsrhythmus zu stören. Auch hier sollten Sie Ihrem Kind sein eigenes Tempo lassen, aber auch immer wieder Impulse geben und Ihrem Kind den Zugang zur Mathematik ermöglichen.

Erfinden Sie doch dazu „Rechengeschichten", vielleicht auch gemeinsam mit Ihrem Kind. Hier einige Beispiele:

„Rechengeschichten"

Die Lieblingsbäume von Marie

Marie hatte drei Lieblingsbäume im Garten ihres Großvaters. Ein Baum war ein Apfelbaum, der hatte immer Erdbeeräpfel getragen, mmmh – ihre Lieblingsäpfel – die schmeckten ja so gut! Ein Baum war ein Pflaumenbaum, in dem einmal ein Eichhörnchen saß. Marie war überzeugt, dass hier eine Zauberfee wohnte, aber dies durfte man nicht weitererzählen. Der dritte Baum war ein Mandelbäumchen, er war der kleinste Baum – ein Bäumchen eben, aber er blühte im Frühling wunderschön. Der Großvater hatte noch einen Kirschbaum, einen Birnbaum und noch einen anderen Apfelbaum, die gehörten aber nicht zu Maries Lieblingsbäumen. Wie viele Bäume hat Maries Opa eigentlich insgesamt in seinem Garten?

Picknick bei Melanie

Melanie wollte heute für ihre Puppen kochen, auch der Teddy war eingeladen. Zuerst setzte sie ihre zwei Puppen aus dem Puppenwagen auf die Picknickdecke, die sie auf dem Boden im Wohnzimmer ausgebreitet hatte, der Teddy durfte sich dazwischensetzen. Dann holte sie noch ihre Lieblingspuppe, die bis jetzt in ihrem Bett geschlafen hatte. Wie viele Personen hatte Melanie denn zum Essen eingeladen? Wie viele Teller musste sie decken?

Familie Hartwig

Familie Hartwig hat viele Kinder. Zwei Kinder, Stefan und Kathrin, gehen schon in die Schule und Franziska geht in den Kindergarten. Nächstes Wochenende kommen noch Julia und Anna in die Familie, das sind die ältesten Schwestern, und die gehen in einer anderen Stadt in die Schule, weil sie meistens bei ihrer Mama wohnen. Franziska freut sich schon auf ihre ganz großen Schwestern, die sind aus Papas erster Ehe und meistens haben sie viel Zeit, um mit Franziska zu spielen. Wie viele Kinder sind denn dann in der Familie Hartwig? Und wie viele Schwestern hat Franziska eigentlich?

Dinopark

Markus hat zum Geburtstag zwei Dinosaurier bekommen, die haben ihm in seinem Dinopark noch gefehlt. Er hat schon drei pflanzenfressende Dinos und einen Flugsaurier, aber diese zwei fleischfressenden Dinosaurier hat er sich schon lange gewünscht. Wie viele Dinosaurier hat Markus jetzt insgesamt?

Am Affengehege

Mohamed ist mit seinen Eltern und seiner kleinen Schwester im Tiergarten. Die Affen findet seine Schwester so lustig, dass sie gar nicht mehr von dem Affengehege wegmöchte. Mohamed als großer Bruder erklärt der kleinen Leila die verschiedenen Affenarten und zeigt ihr die Unterschiede. Ganz vorne sind vier Paviane und drei Affen, deren Rasse er nicht kennt. Hinten am Felsen sind noch vier Totenkopfäffchen und links davon noch ein großer Pavian. Wie viele Affen sieht Mohamed im Gehege?

Julian macht Frühstück

Julian will heute das Frühstück ganz alleine vorbereiten. Den Tisch hat er schon gedeckt. In die Mitte legt er auf einen Glasteller noch Erdbeeren, die essen alle so gern. Er zählt die Erdbeeren. Es sind insgesamt acht Erdbeeren. Die Verteilung der Erdbeeren soll ganz gerecht sein. Mama soll zwei bekommen, Papa soll zwei bekommen und Julian selbst auch zwei. Oh je, das sind aber jetzt zu viele Erdbeeren auf dem Teller. Da muss Julian schnell welche aufessen, damit sie gerecht zu verteilen sind. Wie viele muss er aufessen?

Die Brötchen hat er schon im Brotkorb. Aber lieber zählt er noch einmal nach, ob sie auch reichen. Es sind vier Brötchen. Also Papa isst immer zwei Brötchen, Mama isst eines und Julian auch eines mit Nutella. Reichen die Brötchen?

Lieblingsjoghurts

Mama kommt vom Einkaufen. Sie hat für alle die Lieblingsjoghurts dabei. Für Claudia drei Erdbeerjoghurts, für Marion zwei Bananen- und einen Apfeljoghurt, für Papa einen Mokkajoghurt und für sich selbst einen Ananasjoghurt. Wie viele hat sie denn eingekauft?

Am nächsten Tag hat Mama ihren Joghurt schon gegessen und Claudia hat schon zwei aufgegessen. Wie viele sind jetzt noch übrig?

Viel Spaß beim gemeinsamen Erfinden weiterer Geschichten!

Förderung im Familienalltag

Nicht nur erfundene Geschichten, sondern auch der Alltag in der Familie bietet zahlreiche Gelegenheiten, mathematische Fähigkeiten zu fördern.

Beim Frühstück

Vergleichen	kleine Teller – große Teller
	wenig Honig – viel Marmelade
Klassifizieren	Vollkornbrötchen – Hefezopf – Brezeln
	Obst, Gemüse, Wurst

Reihenfolge	Brotscheiben nach Größe ordnen Marmelade nach Farbe (hell – dunkel) ordnen
Eins-zu-eins-Zuordnung	Jeder bekommt einen Teller, eine Tasse. Jeder bekommt ein Frühstücksei.
Zahlwörter	Brötchen zählen, Teller zählen, vorwärts und rückwärts zählen
Synchrones Zählen	Wie viele Tassen sind gedeckt? Wie viele Marmeladengläser?
Resultatives Zählen	Sind genügend Stühle da? Reichen die Teller?
Anwendung von Zahlwissen	Papa isst drei Stück Paprika, jetzt sind von sechs Stück noch wie viele da? Ich lege noch zwei Stück dazu, wie viele sind es jetzt?

Mathematische Vorläuferfähigkeiten können auch bei der Hausarbeit oder bei einem Kindergeburtstag gefördert werden. Die folgenden Beispiele sollen hierzu als Anregung dienen:

Fabian kann schon die Treppe putzen

Die Treppe wird von oben nach unten geputzt. Dazu brauchen wir zuerst einen Eimer, halb voll mit Wasser, und zwei Spritzer vom Putzmittel. Jeder bekommt einen Putzlappen, einen Lappen für die Mama und einen Lappen für Fabian (Eins-zu-eins–Zuordnung). Insgesamt müssen 16 Stufen geputzt werden. Die Stufen sind viereckig und es müssen auch alle vier Ecken gründlich geputzt werden. Mama putzt die ersten zwei Stufen und Fabian schaut zu, wie sie das macht. Dann putzt Fabian die nächsten zwei Stufen. Geschafft – jetzt kann er seinen Lappen im Putzwasser auswaschen und gründlich mit viel Kraft auswringen. Mama putzt unterdessen die nächsten zwei Treppenstufen. In diesem Zwei-Stufen-Rhythmus (Reihenfolge) putzen beide gemeinsam die Treppe und betrachten dann stolz ihr gemeinsames Werk.

Es entstehen durch das gemeinsame Tun Übungsmöglichkeiten für mathematische Vorläuferfähigkeiten, wie die Eins-zu-eins-Zuordnung (jeder bekommt einen Lappen) und das Bilden einer Reihenfolge (die Treppe wird im Zwei-Stufen-Rhythmus geputzt), indem Sie das Kind an Ihren Bereichen aktiv beteiligen. Bieten Sie Ihrem Kind Aufmerksamkeit und damit Förderung in natürlichen Situationen, ohne einen Leistungsdruck aufzubauen. Fabian erfährt hier außerdem mathematische Begriffe und ihre Bedeutung (z. B. halb voll, zuerst, die nächsten) sowie Zahlwörter und ihre verschiedenen Aspekte (z. B. zwei, viereckig). Nutzen Sie also alltägliche Situationen, um Ihr Kind zu fördern.

Sie können auch bei einem Ausflug Treppenstufen zählen. Wo entdecken wir die längste, die steilste Treppe?

Lisa wird sechs Jahre alt

Lisa geht noch in den Kindergarten. Sie geht dort gerne hin, denn ihre Erzieherin, Frau Mirta, kann so schön singen und weiß immer viele Spiele. Frau Mirta hat auch in der Vorschulgruppe schon Spiele mit Zahlen mitgebracht und im Garten haben sie gemeinsam ein Hüpfspiel aufgemalt, bei dem man auch die Zahlen bis zehn kennenlernt. Lisa kann jetzt schon bis zehn zählen. Bald geht sie in die Schule. Darauf freut sie sich schon, weil Charlotte, ihre Freundin aus dem Nachbarhaus, bereits in die erste Klasse geht und schon lesen und rechnen kann.

Am 10. Juni wird Lisa sechs Jahre alt. Diesen Geburtstag will sie ganz toll feiern. Mit ihrer Mama hat sie schon besprochen, dass sie fünf Kinder einladen darf, denn dann sind sie zusammen sechs Kinder (Anwendung von Zahlwissen). Das hat sie mit ihrer Mama zusammen schon ausgerechnet. Unbedingt muss Charlotte bei ihrem Geburtstag dabei sein, denn die muss ja miterleben, dass Lisa jetzt auch sechs Jahre alt wird und dann also bald in die Schule kommt. „Also Charlotte – und dann kann ich noch …" Lisa überlegt: „Fünf Kinder kann ich einladen, Charlotte ist das erste Kind – dann fehlen noch …" Lisa benutzt ihre Finger, sie weiß schon, dass an einer Hand fünf Finger sind (simultane Mengenerfassung). Sie legt ihren Daumen zur Handinnenfläche und zählt ihre Finger ab. „1 – 2 – 3 – 4! – dann kann ich noch vier Kinder einladen!" (Zahlwörter / abzählen / vorwärts zählen / resultatives Zählen).

Lisa gestaltet mit ihrer Mama zusammen schöne Einladungskarten mit einer gelben „6" vorne drauf, weil Gelb ihre Lieblingsfarbe ist.

Darunter schreibt ihre Mama „E i n l a d u n g". Lisa malt die Buchstaben nach und schreibt ihren Namen mit ganz großen Buchstaben über die „6".

Als der große Tag, ihr Geburtstag, da ist, ist Lisa ganz aufgeregt. Sie deckt den Tisch für ihre Gäste selbst: für jedes Kind und auch für sich selbst jeweils einen Teller, ein Glas und auch eine Kuchengabel zu jedem Teller (Eins-zu-eins-Zuordnung). Davor musste sie aus der Küche jeweils sechs Gläser, sechs Teller und sechs Kuchengabeln holen. Lisa zählt alles lieber noch mal nach, damit auch alles stimmt (Zahlwörter / abzählen / vorwärts zählen / resultatives Zählen).

Dann legt sie auf den Tisch auch noch verschiedene Smarties zu einer Sechser-Gruppe zusammen (Zahlwörter / abzählen / vorwärts zählen / resultatives Zählen). Lisa beschließt, die Smarties immer in einer Farbe als „Blume" anzuordnen (klassifizieren). Sie bemerkt, dass bei einer lila Blume zwei Smarties fehlen. Lisa legt noch Smarties dazu und zählt dabei „4 ... 5 – 6" (flexibles Zählen).

Die Mama gibt ihr auch noch sechs bunte Glasfläschchen, in die Lisa jeweils eine gelbe Blume hineinstellt (Eins-zu-eins-Zuordnung). Die Glasfläschchen sind auch verschieden groß (vergleichen), deshalb will Lisa sie auf dem Tisch ordnen, damit es auch schön aussieht. Sie überlegt, ob sie die Fläschchen in einer Reihe von der hellsten Farbe bis zur dunkelsten Farbe aufstellen soll oder lieber von klein nach groß (vergleichen der Farben und der Größen). Sie stellt sie dann lieber der Größe nach auf. „Das sieht schön aus!", ruft Lisa zu ihrer Mama in der Küche. „Jetzt können die Gäste kommen!"

Sie hat mit ihrer Mama einen Kuchen gebacken, davon bekommt jedes Kind ein Stück. Lisa selbst teilt jedem Kind ein großes Stück zu (Eins-zu-eins-Zuordnung).

Zahlenspiele

Zahlen und ihre verschiedenen Aspekte

Zahlen und der Umgang damit machen Kindern Spaß. Spiele können diesen lustvollen Umgang nutzen und gleichzeitig die Erschließung der Zahlenwelt unterstützen. Die

Kinder erlangen Wissen über Eigenschaften und werden mit ihrer Verwendung vertraut.

Bei der vorangegangenen Beschreibung der verschiedenen Aktivitäten von Lisa finden sich noch viel mehr Übungsbeispiele zum Zahlbegriff. Lisa hat nicht nur das Schreiben der Ziffern geübt (z. B. das Schreiben der Ziffer „6" auf die Einladungskarte), sondern auch gleichzeitig verschiedene Aspekte von Zahlen erfahren.

Zahlen sind nicht nur Ziffern und damit Symbole mit einer bestimmten Mächtigkeit, damit wir rechnen können, sondern können verschiedene Aspekte oder Bedeutungen ausdrücken.

Kardinaler Aspekt

Die Zahl gibt die Anzahl der einzelnen Elemente einer Menge an.

Sechs Geburtstagsgäste sind bei der Geburtstagsfeier anwesend.

Schätzmeister

Wer kann am besten schätzen? Die Socken im Wäschekorb werden zuerst von jedem geschätzt und dann gemeinsam nachgezählt, dann die Zeitschriften im Zeitungskorb oder die CDs im Auto.

Ordinaler Aspekt

Die Zahl gibt den Rangplatz an.

Emilie ist als Erste zur Geburtstagsfeier gekommen, als Dritte kam Lore, Maximilian als Vorletzter und Tabea als Letzte.

Und der Erste ist ... !

Wer ist heute der Erste, wer ist der Zweite, wer der Dritte gewesen?

Wer ist als Erster aufgestanden? Wer hat als Zweiter die Zähne geputzt? Wer saß als Dritter am Frühstückstisch? Dies wird ein lustiges Unterhaltungsspiel; jeder erfindet neue Ranglisten. Ihr Kind kann dazu auch eine Tabelle anfertigen.

Papa ist der Letzte!

Den Rangplatz in der Geschwisterreihe feststellen: Ich bin das dritte Kind meiner Eltern, weil meine Schwestern Mia und Mona älter sind als ich. Mama ist das zweite Kind von Oma und Opa. Opa ist das erste von vier Kindern. Und Oma ist die Erste und hat noch vier Schwestern und einen Bruder. Papa hat nur einen älteren Bruder und ist deshalb der Zweite und gleichzeitig der Letzte.

Codierungsaspekt

Die Zahl steht für einen Namen.

Die Zahl(en) wird/werden zur Unterscheidung von Objekten und damit ähnlich wie ein Eigenname verwendet.

Fußballer sind 'ne tolle Nummer

Die einzelnen Fußballer haben nicht nur einen Namen, sondern gleichzeitig eine bestimmte Nummer. Diese Nummer können wir auch auf ihrem Trikot erkennen und damit dem Namen zuordnen.

Wer wohnt wo?

Wir sammeln die Hausnummern in unserer Straße. Mit Block und Stift sind Sie mit Ihrem Kind unterwegs und schreiben die Nummern auf. Zu Hause werden die Nummern der Reihe nach geordnet und den Namen der Nachbarn zugeordnet. Zur Überprüfung kann man auch am nächsten Tag noch mal losgehen.

Oma hat die kleinste Nummer

Die Telefonnummern von Verwandten und Bekannten werden geordnet, entweder Klassen gebildet – alle Nummern, die mit einer Drei beginnen – oder in aufsteigender Reihenfolge angeordnet. Dann werden die Namen den Nummern zugeordnet. Oma hat die kleinste Nummer!

Rechenaspekt

Mit Zahlen kann man rechnen. Zahlen haben eine bestimmte Mächtigkeit, wir verwenden sie zum Rechnen.

Rechengeschichten

Erzählen Sie Rechengeschichten! Anregungen finden Sie im Kapitel zu den mathematischen Vorläuferfähigkeiten (Anwendung von Zahlwissen).

Mathematische Werkzeuge zum Rechnen

Geben Sie Ihrem Kind echte mathematische Instrumente in die Hand. Damit ist nicht einfach ein Taschenrechner gemeint, sondern vielmehr Werkzeuge zum Messen, Wiegen, Rechnen.

Küchenwaage, Messbecher, Briefwaage, Personenwaage – was lässt sich damit alles abwiegen und wozu wird es gebraucht? Lineal, Messlatte, Meterstab, Maßband, Wasserwaage, Lot – einiges davon findet sich bestimmt in Opas Werkstatt. Genauso interessant sind Barometer, Thermometer, Uhr, Wecker, Stoppuhr, Sanduhr, Küchenzeitmesser, wenn Sie haben, auch eine Rechenmaschine. Und natürlich alles, was Ihnen sonst noch dazu einfällt.

Cigdem macht die Buchführung oder Eltern sind Modelle

Wir rechnen im Kopf, nehmen die Finger zu Hilfe, schreiben die Rechnungen auf Papier, verwenden Taschenrechner, unser Handy, den Computer oder auch die Rechenmaschine. Für unsere Kinder sind wir damit Vorbilder.

Meine Schülerin Cigdem erzählte mir, dass sie als Kind ihre Mutter nachahmte, die immer die Buchführung für das Geschäft des Vaters machte. Cigdem war von dieser Tätigkeit so fasziniert, dass sie an einem Samstagmorgen sehr früh aufstand – die übrige Familie schlief noch – und ins Arbeitszimmer der Eltern ging, die Rechenmaschine und alle Papiere auf dem Schreibtisch nahm und ihrerseits „die Buchführung machte". Voller Stolz berichtete sie dann den Eltern, sie hätte die Buchführung schon erledigt: „Alle Rechnungen sind schon gemacht!"

Operatoraspekt

Zahlen geben die Häufigkeit an.

Zahlen werden in Verbindung mit einer Funktion verwendet, z. B. „zweimal", „das Dreifache".

Zum hundertsten Mal – Nein!

Wie oft hat Ben heute schon „Nein" gesagt? Wie oft hat Papa nach der Zeitung gefragt? Wie oft ist Mama diese Woche mit dem Hund spazieren gewesen? Fangen Sie doch mit Ihrem Kind eine Strichliste an.

Narrativer Aspekt

Zahlen können erzählen, sie haben eine symbolische und emotionale Bedeutung. Wir finden sie oft in Märchen und Zaubersprüchen.

Wo ist meine Glückszahl versteckt?
Bestimmen Sie für sich eine Glückszahl und fordern Sie Ihr Kind auf, dasselbe zu tun. Suchen Sie nun jeweils diese Zahl den ganzen Tag: in der Zeitung, bei Autonummern, bei Hausnummern, bei Preisen beim Einkaufen und wo diese Ihnen sonst überall begegnen könnte.

Sie können daraus auch einen Wettbewerb machen: Wessen Glückszahl ist am meisten aufgetaucht?

In Märchen sind Zahlen wichtig
Erzählen Sie Ihrem Kind Märchen und überlegen Sie dabei, welche Zahlen hier wichtig sind. Überprüfen Sie auch, ob die gleiche Zahl häufiger auftaucht.

Zum Beispiel kam Schneewittchen über sieben Berge zu den sieben Zwergen; in anderen Märchen muss der Held drei Aufgaben erfüllen oder hat drei Wünsche frei.

Maßzahlaspekt

Zahlen geben Größen an.

Durch Zahlen wird ein Verhältnis zu einer bestimmten Einheit angegeben, z. B. Länge, Gewicht, Höhe, Geschwindigkeit.

Wo steht der längste Tisch?
Ihr Kind kann die verschiedenen Tische in der Wohnung messen, die Maße aufschreiben und vergleichen, genauso andere Gegenstände abmessen. Die Größe der Familienmitglieder wird festgestellt. Gewicht und Größe Ihres Kindes werden notiert. Verschiedene Gegenstände werden gewogen und verglichen.

Kuchen backen

Beim Kuchenbacken gehören Abwiegen und Messen selbstverständlich dazu. Das kann Ihr Kind mit Ihrer Hilfe auch schon.

Umgang mit Geld

Geld hat auch einen Maßzahlaspekt. Hier bietet sich das Einkaufsspiel an. Kaufen Sie doch bei Ihrem Kind die Lebensmittel zum Kochen ein. Eine geöffnete Küchenschranktür ist die Theke, die Lebensmittel werden aus dem Schrank verkauft und der Betrag jeweils genannt und bezahlt.

Geometrischer Aspekt

Zahlen veranschaulichen geometrische Gegebenheiten. Viele Formen werden mit Hilfe von Zahlen beschrieben.

Ich sehe was, was du nicht siehst, und das ist …

… rund oder dreieckig oder … Spielen Sie das bekannte Spiel und lassen Sie Ihr Kind dabei geometrische Formen in der Umgebung suchen. Sie werden überrascht sein, was Ihr Kind alles entdeckt.

Tischformen entdecken

Welche Tischformen haben wir in der Wohnung, welche finden wir bei der Oma? Auf dem Balkon haben wir einen viereckigen Tisch, im Flur steht ein dreieckiger Tisch.

Noch mehr spielerische Förderung

Erste Erfahrungen mit Geometrie

Hier geht es zuerst um die Vorläuferfähigkeiten „Vergleichen" und „Klassifikation" in Bezug auf geometrische Formen. Objekte werden in ihren Eigenschaften wahrgenommen, eine Eigenschaft isoliert (hier: geometrische Form) und benannt. Die Förderung der Sprache geht damit einher, das Kind lernt neue Wörter und Begriffe, die im üblichen Sprachgebrauch nicht ohne Weiteres verwendet werden. Das bedeutet: Benennen Sie die Formen korrekt in ihrer Begrifflichkeit! Zum Beispiel nennen Sie eine ovale Form „Oval" und nicht „Ei" (oder sagen Sie zu einem Hund „Wauwau"?). Welche Kriterien der Form bestimmen eine Ellipse? Ist „Ellipse" nicht ein wunderschönes Wort? Sie können mit Ihrem Kind Schatzkästchen basteln: Jeweils ein Schuhkarton wird mit den jeweiligen ausgeschnittenen Formen beklebt; in diesen kann Ihr Kind die verschiedenen Formen sammeln.

Gestalten Sie doch gemeinsam „Formenbilder". Dazu werden Collagen mit aus Zeitschriften ausgeschnittenen Formen hergestellt. Verwenden Sie auch einmal gesammeltes Material vom letzten Waldspaziergang.

Grundlegendes Mengenverständnis

Dies ist eine der wichtigsten Fähigkeiten, um später im Mathematikunterricht nicht zu scheitern. Untersuchungen von Kindern mit Rechenschwäche haben gezeigt, dass viele dieser Kinder keinerlei Vorstellung von Mengen und damit auch von der Wertigkeit der Zahlen besitzen. Aus diesem Grund plädiert die moderne Didaktik (die Lehre vom Lehren und Lernen) dafür, diesen Kindern weiteres Üben in ihrem defizitären Bereich und damit weitere Misserfolgserlebnisse zu ersparen und stattdessen weiter in der Entwicklungsgeschichte zurückzugehen, um fehlende Grundlagen nachzuholen. Dazu gehören vielfältige Erfahrungen mit verschiedenen Mengen und deren Erlebbarkeit.

Lassen Sie Ihr Kind überprüfen, in welchem Teller mehr, weniger oder gleich viel Suppe ist. Wer hat die meisten Pommes auf dem Teller?

Ihr Kind hat viele Marienkäfer ohne Punkte aufgemalt. Sie zeigen jetzt für jeden Käfer anhand Ihrer Finger die Anzahl der Punkte, die Ihr Kind auf die einzelnen Käfer malen soll. Das Spiel wird dann getauscht. Mit Hilfe einer Sanduhr können Sie daraus einen Wettbewerb machen.

Wichtig ist es, die Invarianz der Menge zu erfassen, also zu begreifen, dass beim Vergleich zweier Mengen von der räumlichen Anordnung abgesehen werden muss. Legen Sie in einer Reihe fünf große Knöpfe und in der Reihe darunter fünf kleine Knöpfe; der Größenunterschied muss

deutlich erkennbar sein. Ihr Kind wird feststellen, dass die erste Reihe deutlich länger ist als die Reihe mit den kleinen Knöpfen und daraus möglicherweise schlussfolgern, dass die Anzahl der Knöpfe in der ersten Reihe höher ist als in der Reihe darunter. Mit Ihrer Hilfe und durch die Eins-zu-eins-Zuordnung kann das Kind das „Geheimnis" lüften und feststellen: Die Anzahl der Knöpfe ist in beiden Reihen gleich groß.

Eine Variante ist das Stapeln von großen und kleinen Bausteinen, aber mit der gleichen Anzahl der Steine. Tragen Sie den Turm gleichzeitig ab und zählen Sie dabei: „der Erste", „der Zweite" ... „der Achte" oder auch „der Letzte".

Blicken Sie in die Garderobe: Zwei Paar Turnschuhe von Papa nehmen mehr Platz ein als zwei Paar Schuhe von Mama. Legen Sie sechs große Löffel und zum Vergleich sechs kleine Löffel untereinander.

Schüttübungen haben als eine der klassischen Methoden Maria Montessoris in fast alle Kindertagesstätten Einzug gehalten. Hierbei stellen Sie Ihrem Kind verschiedene Gefäße zur Verfügung, die sich in ihrer Höhe und Breite unterscheiden. Um das Gleichbleiben von Mengen in unterschiedlicher Umgebung zu verdeutlichen, messen Sie mit Ihrem Kind im Messbecher ca. 200 ml Flüssigkeit ab (Wasser, Tee, Saft, Milch usw.). Durch das Umschütten in ein hohes, schmales Glas und dann in ein breites Glas und dann wieder zurück in den Messbecher erarbeitet sich Ihr Kind dieses Wissen. Solche Schüttübungen machen schon kleinen Kindern großen Spaß, und sie können sich eine lange Zeit konzentriert damit beschäftigen, Wasser (z. B. auch gefärbtes Wasser) in verschiedene Becher hin und her zu schütten. Sie üben sich dabei gleichzeitig in verschiedenen Wahrnehmungsbereichen (Hand-Auge-Koordination), in der Feinmotorik, Konzentration und Ausdauer, trainieren ihre Selbstständigkeit und ihr Selbstvertrauen und haben schlicht Freude am selbsttätigen aktiven Tun.

Weitere Beispiele zur Förderung Ihres Kindes im Alltag sind:

- Kuchenteig wird in gleich große Teile geteilt und in verschiedenen Formen gebacken.
- Gleich viel Essen wird auf kleinen und großen Tellern angerichtet. (So „täuschen" sich manchmal Erwachsene, wenn sie abnehmen wollen.)
- Memorykarten, die in zwei Reihen angeordnet sind, werden bei einer Reihe einzeln auseinanderbewegt bzw. zusammengerückt. Die Karten werden dabei abgezählt.
- Auf einem „Nachthimmel" (dunkler Stoff oder Papier) werden ausgeschnittene kleine und große Sterne verteilt. Sind es mehr große oder mehr kleine Sterne? Um das festzustellen, müssen die Sterne sortiert und abgezählt werden.
- In ein gemaltes Haus werden in gleicher Anzahl große Etagenfenster und kleine Kellerfenster gemalt.
- Gesammelte Kieselsteine, gleich viel große und kleine, werden in zwei Haufen sortiert und zuerst geschätzt und dann abgezählt.

Messen und Wiegen

Im häuslichen Bereich gibt es unzählige Fördermöglichkeiten. Vor allem beim Kochen und Backen können Sie dazu alltägliche Situationen nutzen, indem Sie die Aufgaben zusammen mit Ihrem Kind meistern. Erklären und zeigen Sie Ihrem Kind die Funktion und die Handhabung von Küchenwaage und Messbecher. Gemeinsames Lesen von Rezepten ist dabei die Grundlage, um die Zusammenhänge zwischen Mengenangaben und Umsetzung bis hin zum erfolgreichen Ergebnis durch Einhaltung der Reihenfolge zu verstehen.

Besitzen Sie eine Briefwaage, dann wiegen Sie mit Ihrem Kind zusammen nicht nur Briefe und Postsendungen, sondern auch einmal die gemalten Bilder, die Kritzelbriefe, die selbst gebastelten Karten und auch den Einkaufszettel. Hierbei können Vergleiche angestellt werden, ob das Gewicht nur von der Größe des Papiers bestimmt wird oder auch andere Kriterien eine Rolle dabei spielen (z. B. Papierart, nicht aber Farbe).

Mit der Personenwaage lassen sich nicht nur die Familienmitglieder und vielleicht die Hauskatze wiegen, sondern es lässt sich auch das Gewicht verschiedener Gegenstände feststellen. Was wiegt gleich viel? Müssen die Dinge dazu die gleiche Form haben oder das gleiche Material? Oder beides? Ist der Gewichtsunterschied von einem Tennisball und einem Handtuch durch die Farbe erklärbar? Können kleine Dinge mehr wiegen als große? Wiegen Sie einen Tennisball und einen Wasserball zum Vergleich. Ihrem Kind wird dazu noch viel mehr einfallen.

Welche Gewichtseinheiten gibt es? Wo werden größere Maßeinheiten benötigt? Zum Beispiel beim Tierarzt, im Schlachthof, auf dem Flughafen. Wo werden ganz kleine Maßeinheiten benötigt? In der Apotheke, im Labor, beim Zahnarzt, beim Juwelier. Machen Sie sich mit Ihrem Kind doch einmal auf den Weg, neue Bereiche zu erkunden.

Welche Maßeinheiten gibt es noch? Wozu wird die Wasserwaage verwendet oder ein Lot? Gehen Sie mit Ihrem Kind diesen Fragen nach. Was und wie misst der Augenarzt und der Optiker? Viele Fragen bieten die Chance, das Lernen zu lernen, indem Sie Ihrem Kind nicht einfach Lösungen und Ergebnisse vorgeben, sondern gemeinsam nachforschen und herausfinden, wie Wissen beschafft werden kann.

Auch Geld spielt eine Rolle

Schon sehr jungen Kindern kann Taschengeld gegeben werden. Sie können schon Ihrem vierjährigen Kind 10 Cent jeden Sonntag nach dem Frühstück geben. Dies bedeutet gleichzeitig eine erste Anbahnung von Zeitgefühl. Der eigenverantwortliche Umgang mit Geld muss aber erst gelernt werden. Besprechen Sie mit Ihrem Kind, wozu es dieses Geld verwenden kann, wo es seine 10 Cent wieder ausgeben kann. Dies kann der herumgereichte Klingelbeutel beim Gottesdienst sein oder der Beitrag zur Brezel beim Bäcker. Kinder haben in diesem Alter noch kein Wissen über den Wert des Geldes, aber die Funktion und der Umgang damit kann schon kennengelernt werden.

Zeit haben

Zeit ist ein großes Thema in unserem Alltag. Wie oft am Tag spricht jeder über Zeit, ohne dass uns das wirklich immer bewusst ist. Kinder haben keine Vorstellung von Zeit. Begriffe wie „gleich", „nachher", „später", „ein anderes Mal" hören Kinder immer wieder, unbestimmte Zeiträume tragen aber nicht dazu bei, ein Wissen von Zeit oder ein Zeitgefühl zu erwerben. Aber auch Begriffe wie „gestern", „morgen", „in einer Stunde", „am nächsten Montag", die genauere Zeitangaben beinhalten, sind für Kinder nicht durchschaubar. Sie werden wohl als Vertröstung meistens verstanden und angenommen, aber nicht als beruhigende Terminierung akzeptiert.

Kinder lernen Zeit nur durch den Umgang mit ihr, durch ihre Handhabung und ihr Erleben. Zeitbestimmungen müssen an konkrete Situationen und Bilder gekoppelt werden. „Gestern" war doch, als wir beim Einkaufen den kleinen Hund gesehen haben; dies ist schon vorbei. „Morgen" gehen wir zur Oma. Das kommt erst, dafür müssen wir noch einmal schlafen. Wenn eine Stunde vorbei ist, ist der Kuchen fertig gebacken. Wir stellen den Küchenwecker auf 60 Minuten, das ist eine Stunde, und wir können immer wieder einmal nachschauen, wie die Zeit fortschreitet.

Vorläuferfähigkeiten fördern

Haben Sie eine Knopfschachtel? Ein Nähkästchen? Wunderbar! Hier haben Sie und Ihr Kind unzählige Möglichkeiten zum spielerischen Lernen: Vergleichen der Knöpfe oder Nähgarne, Gruppen bilden nach Größe, Farbe, Form, Reihen legen von klein nach groß, von hell nach dunkel und vieles mehr.

Eine Schachtel mit Stiften kann dem gleichen Zweck dienen wie auch ein Korb mit verschiedenen Steinen. Sammeln Sie mit Ihrem Kind Gräser, Blätter, Kastanien, Eicheln und anderes, was Sie beim Waldspaziergang, bei der Wanderung finden. Im Urlaub, am See, am Strand – es gibt immer viel zu entdecken, was zu Hause für viele Spiele und natürlich zum Basteln verwendet werden kann. Alles wird zuerst verglichen: Was ist gleich, ähnlich, ein wenig anders, ganz verschieden? Wo sind Unterschiede? Wer entdeckt was? Dies ist schon für sich genommen eine interessante Beschäftigung und kann auch mit mehreren Kindern gespielt werden.

Der nächste Schritt kann sein, das, was zusammengehört, zu einer Gruppe zu ordnen. Spannend ist hier, wenn die Kinder sich nicht gleich einig sind. Wie kann nun eine für alle akzeptable Lösung gefunden werden? Um sich friedlich zu einigen, werden viele Kompetenzen benötigt.

Jetzt können die einzelnen Gruppen in einer bestimmten Reihenfolge angeordnet werden; Muster können gelegt werden. Sollen die schönen Muster erhalten bleiben, können sie auf Papier, auf Tapetenreste, Karton, Stoff oder Holz aufgeklebt werden. Dies kann auch ein schönes Geschenk für einen lieben Menschen sein.

Verschiedene Perlen, in einer sich wiederholenden Reihenfolge aufgefädelt, ergeben schöne Ketten für sich selbst oder für Oma zum Geburtstag.

Eine Geschichte oder ein Gedicht kann auch vertont werden. Zuerst werden die Musikinstrumente verteilt: Jedes Kind bekommt ein Instrument. Dann werden die Instrumente ausprobiert. Die Kinder vergleichen und beschreiben ihre Instrumente. Wie klingen diese? Welche klingen ähnlich? Welche Instrumente gehören zusammen? Anschließend kann ein Gedicht oder Reim oder eine Geschichte (z. B. Gespenstergeschichte) vertont werden. Die Geschichte kann auch zuvor selbst erfunden werden. Die Rollen werden besprochen und verteilt.

Was Ihr Kind schon alles kann

Beobachten Sie doch im Badezimmer, was Ihr Kind schon alles kann und freuen Sie sich darüber.

Vergleichen
Sind alle Handtücher und Duschtücher gleich groß? Haben alle die gleiche Farbe? Worin unterscheiden sich die verschiedenen Handtücher?

Klassifizieren
Im Badezimmer wird gemeinsam aufgeräumt und sortiert. Was gehört zusammen? Alle Handtücher legen wir in das

Regal. Alle Waschlappen kommen in die Schublade, die verschiedenen Shampooflaschen auf den Rand der Badewanne.

Reihenfolge

Die Nagellackfläschchen von Mama werden in eine Reihe von hell nach dunkel gestellt.

Eins-zu-eins-Zuordnung

In jeden Zahnputzbecher kommt eine Zahnbürste. Wem gehört welche Zahnbürste und welcher Becher gehört dazu?

Zählen

Wie viele Lippenstifte hat Mama im Bad liegen?

Zahlwissen anwenden

Mama hat im Bad auf der Ablage zwei Lippenstifte liegen. Im Badschränkchen hat Mama noch drei Lippenstifte und in ihrer Handtasche befindet sich auch noch ein Lippenstift. Wie viele Lippenstifte hat Mama insgesamt?

Formen

Die Waschbecken sind halbe Ovale, das Klo ist ein ganzes Oval, der Spiegel hat unten zwei Ecken und ist oben rund, die Duschwanne ist viereckig.

Zeit

Zum Zähneputzen wird die Sanduhr umgedreht. Wenn der Sand von oben nach unten gelaufen ist, haben wir drei Minuten lang die Zähne geputzt.

Invarianz von Mengen

Drei große und drei kleine Badeperlen werden in zwei Reihen untereinandergelegt. Sind es gleich viele?

Nicht nur „Mathe" braucht der Mensch

Ihr Kind ist ein „ganzes" Kind: Mathematische Bildung bedeutet deshalb gleichzeitig auch Förderung vieler anderer Bereiche. An den Beispielen zum spielerischen Miteinander im Alltag wird deutlich, dass die Förderung nicht isoliert nur die mathematische Bildung betrifft. In ganzheitlich verstandenen Bildungsprozessen, in denen Ihr Kind mit seinen Bedürfnissen im Mittelpunkt steht, können Sie Entwicklungsfortschritte in vielen Bereichen gleichzeitig fördern und beobachten.

Die Bedeutung für die Förderung der sprachlichen Fähigkeiten wurde schon angesprochen, das Gleiche gilt für den gesamten Bereich der sogenannten „personalen Kompetenzen" wie Selbstständigkeit, Selbstbewusstsein und Kompetenzerleben. Viele kognitive Fähigkeiten führen zu einem positiven Selbstbild des Kindes und machen es stark für die Welt. Das positive emotionale Erleben durch das „Miteinander-Tun" und das damit verbundene Lernen mit- und voneinander führen zur Erweiterung sozialer Kompetenz.

Wahrnehmungsbereiche und fein- und grobmotorische Fähigkeiten werden gleichzeitig mitgefördert. Lernen mit und durch Bewegung ist erwiesenermaßen eine effektive Methode und macht Spaß. Deshalb vermeiden Sie, Ihrem Kind nur Arbeitsblätter, Spielblöcke und Tischspiele anzubieten. Diese Materialien machen Ihrem Kind zwar Spaß und sollten deshalb *auch* eingesetzt werden – aber eben nicht *nur*.

Sorgen Sie dafür, dass Ihr Kind sich viel bewegt, viel ausprobiert und selbstständig und aktiv sein kann. Körperliche Erfahrungen beleben den Geist – anders gesagt: Physische, psychische und intellektuelle Entwicklung lassen sich nicht trennen. „Wenn wir das körperliche und das geistige Leben getrennt betrachten, so unterbrechen wir

den Zyklus der Beziehungen, und die Handlungen des Menschen bleiben vom Hirn getrennt. Der wahre Sinn der Bewegung liegt also nicht in der Förderung einer besseren Ernährung und Atmung, sondern muss dem gesamten Leben und der geistigen und universalen Ökonomie der Welt dienen."[52]

Kümmern Sie sich darum, dass Ihr Kind die reale Welt erleben kann und diese nicht nur durch Fernsehsendungen distanziert erlebt, und seien diese Kindersendungen noch so pädagogisch und kindgerecht aufbereitet. Die Freude und der Spaß beim aktiven Tun und die Erfolgserlebnisse durch den Erwerb von neuem Wissen in der Realität bedeuten Sicherheit bei der Eroberung unserer Welt und gleichzeitig emotionale Stabilität.

Lernkompetenz – das heißt „lernen, wie man lernt" als wichtige Voraussetzung für lebenslanges Lernen – erhält seine Grundlage, indem Sie mit Ihrem Kind gemeinsam neue Erfahrungen machen und nicht, indem Sie Lösungen und Ergebnisse vorgeben. Ihr Kind erfährt dadurch, dass neues Wissen nicht vorgefertigt serviert und übernommen wird, sondern welche Möglichkeiten es gibt, an Wissen und Können heranzukommen und sich neue Gebiete zu erobern.

Deshalb: Nehmen Sie Ihr Kind wahr. Überfrachten Sie es nicht mit einseitigem Fördermaterial, sondern erfreuen Sie sich mit Ihrem Kind gemeinsam an der Eroberung der Welt. Erziehung als Auftrag bedeutet vor allem, dass Sie liebevoll und aufmerksam Ihr Kind begleiten, wenn es unsere Kultur und die dazugehörende Technik erlernt.

Zu Beginn des Kapitels „1 + 1 = Mathe ist ein Kinderspiel" wurde anhand eines Gesprächs zwischen Mutter und Kind gezeigt, wie Mathematik auf ganz selbstverständliche Art im Alltag gefördert werden kann. Gleichzeitig förderte diese Mutter bei ihrem Sohn Sprache, Motorik, Selbstständigkeit und Selbstwirksamkeit durch die Mithilfe im eigenverantwortlichen Tun sowie Selbstvertrauen und emotionale Sicherheit. Das bedeutet, Mathematik kann und sollte nicht abgekoppelt werden von der Förderung anderer Fähigkeiten und der ganzheitlichen Persönlichkeitsentwicklung des Kindes, sondern einfach dazugehören. Durch emotionale Nähe und Zuwendung entstehen positive Erfahrungen für alle Bereiche – und damit starke Kinder.

Anhang

Die Rechenacht – ein Würfelspiel

Die „Rechenacht" bietet die Möglichkeit, die in Teil I und II beschriebenen Fähigkeiten spielerisch zu erproben. Die Spielmännchen werden in der Mitte der Rechenacht auf das freie Feld gestellt. Dann wird reihum gewürfelt. Würfelt ein Spieler z. B. eine „2", dann rückt er mit dem Spielmännchen zwei Felder weiter, also auf die 2, und führt die zugehörige Aufgabe aus. Gelingt ihm dies, darf er weiterspielen. Schafft er die Aufgabe nicht, muss er beim Würfeln einmal aussetzen. Wer als Erster die 20 erreicht und die dazugehörige Aufgabe gelöst hat, ist Sieger.

1. Stehe auf dem linken Bein und zähle bis fünf!
2. Gehe sechs Schritte (Fuß stößt an Fuß) vorwärts und drei zurück!
3. Berühre mit deiner Nase etwas Rotes!
4. Zähle bis zehn!
5. Zähle von zehn rückwärts bis eins!
6. Strecke deine Arme nach oben!
7. Zeige mit dem Zeigefinger, wo vorne ist!
8. Setze dich unter den Tisch!
9. Mache eine Überkreuzbewegung!

10. Gehe ins Bad, hole ein Handtuch und lege es auf den Stuhl!
11. Auf einer Torte sind fünf Kerzen. Du bläst drei aus. Wie viele brennen noch?
12. Zähle die Stühle in diesem Zimmer!
13. Fasse mit der rechten Hand ans linke Ohr!
14. Fasse mit der linken Hand ans rechte Ohr!
15. Klatsche dreimal in die Hände!
16. Mache einen Sprung (evtl. Hampelmann)!
17. Hebe erst den linken Arm, dann den rechten!
18. Stell dich auf den Stuhl!
19. Zeige in diesem Zimmer etwas Großes und etwas Kleines!
20. Würfle eine Eins!

Anmerkungen

[1] Spitzer, M.: Lernen, Berlin 2002, S. 276

[2] Dehaene, S.: Der Zahlensinn oder warum wir rechnen können, Basel 1999.

[3] Vgl. Naumann-Kipper, P.: 3, 2, 1 – viele, wenig, keins, Freiburg 2006, S. 28 ff.

[4] Jansen, F. und Streit, U.: Positiv lernen, Heidelberg 2006, S. 276.

[5] Laschkowski, W.: Rechenschwäche, Dillingen 1998, S. 7 ff.

[6] Milz, I.: Rechenschwächen erkennen und behandeln, Dortmund 1993, S. 50 ff.

[7] Buchner, C.: Bewegung macht Kinder klug, www.familienhandbuch.de, 2006.

[8] Goddard, S.: Greifen und Begreifen, Freiburg 1998, S. 12 ff.

[9] Chucholowski, A.: Reflexe und ihre Auswirkungen auf Lernen und Verhalten, www.praxis.chucholowski.de.

[10] Goddard, a. a. O., S. 16.

[11] Ebd., S. 25 ff.

[12] Ebd., S. 145.

[13] Ebd., S. 28 ff.

[14] Ebd., S. 37 ff.

[15] Ebd., S. 147.

[16] Ebd., S. 37 ff.

[17] Ebd., S. 42 ff.

[18] Ebd., S. 47.

[19] Frühkindliche Reflexe und Reaktionen im Internet: http://de.geocities.com/kinderphysiotherapie/reflexe.html.

[20] Holle, B.: Die motorische und perzeptuelle Entwicklung des Kindes, Weinheim und Basel 2005, S. 75

[21] Ebd.

[22] Ferreri, C.: Kursunterlagen N.O.T, 1999.

[23] Austermann, M. und Wohlleben, G.: Der Daumen Knuddel-dick, Ravensburg 1994, S. 107.

[24] Goddard, a. a. O., S. 96.

[25] Bauer, M.: Von der artgerechten Aufzucht unserer Kinder, Wien 2006.

[26] Wennekes, R. und Stiller, A.: Kursunterlagen „Entwicklungs-kinesiologie", 1992.

[27] Dennison, P. und G.: Brain-Gym® Lehrerhandbuch, Freiburg 1994.

[28] Pfaffenrot, W.: Kursunterlagen „Synergetische Reflextherapie", München 2004.

[29] Milz, I.: Neuropsychologie für Pädagogen, Dortmund 1996, S. 82.

[30] Dennison, a. a. O., S. 24.

[31] Stokes, G. und Whiteside, D.: One Brain, Freiburg 1990, S. 168.

[32] Egger, W.: NLP-Kursunterlagen, Master-Practitioner, Salzburg 1994.

[33] Holle, a. a. O., S. 87 ff.

[34] Krebs, Ch.: Kursunterlagen L.E.A.P, Freiburg 1996.

[35] Jansen, F. und Streit, U.: Positiv lernen, Heidelberg 2006, S. 277.

[36] Holle, a. a. O., S. 68 ff.

[37] Pauli, S. und Kisch, A.: Was ist los mit meinem Kind?, Ravensburg 1992, S. 57.

[38] Ebd., S. 61.

[39] Meister Vitale, B.: Lernen kann phantastisch sein, Bremen 1994, S. 12 ff.

[40] Birkenbihl, V.: Stroh im Kopf, München 1995, S. 29.

[41] Pulkkinen, A.: PEKiP: Babys spielerisch fördern, München 2007.

[42] Dennison, P. und G.: EK® für Kinder, Kirchzarten bei Freiburg 1990, S. 87.

[43] Pauli, S. und Kisch A., a. a. O., S. 58.

[44] Krebs, Ch., Testunterlagen, a. a. O.

[45] Holle, a. a. O., S. 131 ff.

[46] Beuschel-Menze, H. und Nitsch, C.: Fit und schlau, München 2002.

[47] Der Bayerische Bildungs- und Erziehungsplan für Kinder in Tageseinrichtungen bis zur Einschulung, Hrsg. Bayerisches Staatministerium für Arbeit und Sozialordnung, Familie und Frauen/Staatsinstitut für Frühpädagogik, Weinheim und Basel 2006, S. 251.

[48] Vgl. Friedrich, G. und Bordihn, A.: spot: So geht's – Spaß mit Zahlen und Mathematik im Kindergarten. Sonderheft der Zeitschrift „Kindergarten heute", Nr. 384, Freiburg 2003.

[49] Comenius, zit. ebd., S. 7.

[50] van Luit, J. E. H., und van de Rijt, B. A. M., Hasemann, K.: OTZ. Osnabrücker Test zur Zahlbegriffsentwicklung, Göttingen 2001, S. 8.

[51] Ebd.

[52] Maria Montessori, zit. in: Montessori, R. und Schneider-Henn, K.: Uns drückt keine Schulbank, Montessori-Erziehung im Bild, Stuttgart 1983, S. 23.

Literatur

Austermann, M. und Wohlleben, G.: Der Daumen Knuddeldick, Ravensburg 1994

Bauer, M: Von der artgerechten Aufzucht unserer Kinder, Wien 2006

Beuschel-Menze, H./Nitsch, C.: Fit und schlau, München 2002

Birkenbihl, V.: Stroh im Kopf, München 1995

Dehaene, S: Der Zahlensinn oder warum wir rechnen können, Basel 1999

Dennison, P. und G.: Brain-Gym® Lehrerhandbuch, Kirchzarten bei Freiburg 1994

Dennison, P. und G: EK® für Kinder, Kirchzarten bei Freiburg 1990

Der Bayerische Bildungs- und Erziehungsplan für Kinder in Tageseinrichtungen bis zur Einschulung, Hrsg. Bayerisches Staatsministerium für Arbeit und Sozialordnung, Familie und Frauen/Staatsinstitut für Frühpädagogik, Weinheim und Basel 2006

Friedrich, G./Bordihn, A.: spot: So geht's – Spaß mit Zahlen und Mathematik im Kindergarten, Sonderheft der Zeitschrift „Kindergarten heute – Zeitschrift für Erziehung", Freiburg im Breisgau 2003

Goddard, S.: Greifen und Begreifen, Freiburg 1998

Holle, B.: Die motorische und perzeptuelle Entwicklung des Kindes, Weinheim und Basel 2005

Jansen, F. und Streit, U.: Positiv lernen, Heidelberg 2006

Laschkowski, W.: Rechenschwäche, Dillingen 1998

Meister Vitale, B.: Lernen kann phantastisch sein, Bremen 1994

Milz, I.: Rechenschwächen erkennen und behandeln, Dortmund 1993

Milz, I.: Neuropsychologie für Pädagogen, Dortmund 1996

Montessori, R./Schneider-Henn, K.: Uns drückt keine Schulbank, Montessori-Erziehung im Bild, Stuttgart 1983.

Naumann-Kipper, P.: 3, 2, 1 – viele, wenig, keins, Freiburg 2006

Pauli, S. und Kisch, A.: Was ist los mit meinem Kind?, Ravensburg 1992

Pulkkinen, A.: PEKiP: Babys spielerisch fördern, München 2007

Spitzer, M.: Lernen, Berlin 2002

Stokes, G. und Whiteside, D.: One Brain, Freiburg 1990

Van Luit, J. E. H./van de Rijt, B. A. M./Hasemann, K.: OTZ, Osnabrücker Test zur Zahlbegriffsentwicklung, Göttingen 2001

Wennekes, R. / Stiller, A.: Kursunterlagen „Entwicklungskinesiologie", 1992

Verwendete Quellen

Die Aufzählungen zur Entwicklung der Sinnes- und Wahrnehmungsfunktionen basieren sinngemäß auf der Darstellung in:
Holle, B.: Die motorische und perzeptuelle Entwicklung des Kindes, Weinheim und Basel 2005

Die kinesiologischen Übungen basieren auf: Dennison, P. und G.: Brain-Gym® Lehrerhandbuch, Kirchzarten bei Freiburg 1994. Renate Feuerlein wendet die Übungen seit vielen Jahren in ihrer Praxis an. Die Beschreibung der Durchführung erfolgt gemäß ihrer eigenen Erfahrung.

Das Bewegungsspiel „Frau Zunge" gibt es in verschiedenen Variationen. Die hier beschriebene Version hat Renate Feuerlein bei einem Seminar von der Teilnehmerin Martina Nowak erhalten.

Spaß am lernen

Barbara Hennings / Gisela Niemöller
Ermutigen statt kritisieren
Ein Elternratgeber nach Rudolf Dreikurs
Band 5855
Ein harmonisches, erfreuliches Familienleben zusammen mit Kindern
ist eine Kunst – aber eine, die alle Eltern lernen können!

Ros Jay
**Wie Sie Ihr Kind dahin bekommen, freiwillig zu tun,
was Sie wollen**
Band 5819
Ob Schlafengehen, Discobesuch oder Taschengeld: Gefragt ist über-
zeugen, verhandeln, motivieren, führen.

Gisela Lück
Leichte Experimente für Eltern und Kinder
Band 4811
Vom Staunen zum Begreifen der Umwelt: problemlos, ganz ungefähr-
lich und mit viel Spaß.

Gisela Lück
Neue leichte Experimente für Eltern und Kinder
Band 5538
Hier kommen weitere kinderleichte Experimente für Groß und Klein:
vielfach erprobt, mit Garantie für Spaß, erfolgreiches Gelingen und
Wissenszuwachs.

Gerdamarie S. Schmitz
Was ich will, das kann ich auch
Selbstwirksamkeit – Schlüssel für gute Entwicklung
Band 5859
Selbstwirksamkeit macht Kinder optimistisch, selbstbewusst und
glücklich. Eltern können von Anfang an viel dafür tun, dass Selbst-
wirksamkeit sich entwickelt.

HERDER spektrum